日语教学理论与实践模式研究

王祁阁 著

天津出版传媒集团
天津科学技术出版社

图书在版编目（CIP）数据

日语教学理论与实践模式研究 / 王祁阁著 . -- 天津：天津科学技术出版社，2025. 2. -- ISBN 978-7-5742-2704-0

Ⅰ．H369.3

中国国家版本馆CIP数据核字第2025CQ2290号

日语教学理论与实践模式研究
RIYU JIAOXUE LILUN YU SHIJIAN MOSHI YANJIU

责任编辑：刘　鸫
责任印制：兰　毅

出　　版：	天津出版传媒集团 天津科学技术出版社
地　　址：	天津市和平区西康路35号
邮　　编：	300051
电　　话：	（022）23332377
网　　址：	www.tjkjcbs.com.cn
发　　行：	新华书店经销
印　　刷：	定州启航印刷有限公司

开本 710×1000　1/16　印张 13.75　字数 220 000
2025年2月第1版第1次印刷
定价：78.00元

前　言

随着经济全球化的不断深化,日语成为人们用来了解、学习日本文化的必要工具。而且,一些企业对日语专业人才的需求有所增加。因此,许多高校对日语课程教学的重视度日益提高。

进入 21 世纪以来,我们国家针对高等教育实施了一系列改革与创新,内容涉及教学评估、网络教学平台、教学模式等诸多方面。现阶段,我们国家需要大量素质较高的日语翻译人才,尤其是复合型和应用型的日语翻译人才。为了满足这一需求,著者总结了近年来日语教学改革的经验与启示,撰写了《日语教学理论与实践模式研究》,以期进一步推动日语教学质量的提高。

本书共八章,深入分析了日语教学的理论和实践模式。第一章论述了日语教学的目标、原则及日语教学法的基本内涵;第二章介绍了日语教学内容的概念、分类与选择,研究了日语专业课程不同发展阶段的建设情况;第三章探讨了外语教学理论,包括认知语言学理论、认知负荷理论、建构主义理论、语用学理论、元认知理论,并分析了它们在日语教学中的实际应用;第四章就日语课堂教学评价与课堂教学质量提升的策略展开了探讨,并解析了日语课堂教学的过程与课堂教学评价的实施策略,根据实际情况分析了提升日语课堂教学质量的策略;第五章介绍了情境式教学模式的概念,分析了情境式教学模式在日语课堂教学中的具体实施路径以及应用的效果和反思;第六章探究了小组合作与任务型教学模式的概念,分析了小组合作与任务型教学模式在日语课堂教学中的具体实施路径,以及在日语教学中的应用效果与反思;第七章探讨了翻转课堂教学模式的概念及其应用于日语教学的实践方式和意义;第八章研究了现代化信息技术与日语教学的整合，分析了现代化信息技术支持下的日语教学课件设计与开发、日语网络资源建设，并思考了影视配音在日语教学中的实践应用。

在当前我国教育事业高速发展、日语教育更加普及的背景下，为了满足时代发展的需求，帮助学生成长为日语水平较高的人才，著者编写了本书。本书具有实用性、创新性与时代性等特点，是基于新时代教育改革发展背景编写的。但由于著者自身的时间有限，精力不足，本书难免存在一定的不足之处，敬请广大读者积极批评指正。

目 录

第一章 日语教学综述 ·001
- 第一节 日语教学的目标 ·003
- 第二节 日语教学的原则 ·012
- 第三节 日语教学法的基本内涵 ·025

第二章 日语教学内容与专业课程建设情况与发展阶段分析 ·031
- 第一节 日语教学内容的概念与其分类 ·033
- 第二节 日语教学内容的选择 ·037
- 第三节 日语专业课程不同发展阶段的建设情况 ·046

第三章 外语教学理论在日语教学中的实际应用 ·061
- 第一节 认知语言学理论在日语教学中的实际应用 ·063
- 第二节 认知负荷理论在日语教学中的实际应用 ·074
- 第三节 建构主义理论在日语教学中的实际应用 ·083
- 第四节 语用学理论在日语教学中的实际应用 ·094
- 第五节 元认知理论在日语教学中的实际应用 ·099

第四章 日语课堂教学评价与课堂教学质量提升的策略 ·111
- 第一节 日语课堂教学的过程解析 ·113
- 第二节 日语课堂教学评价的实施原则与策略 ·126
- 第三节 日语课堂教学质量的有效提升策略 ·129

第五章　情境式教学模式在日语教学中的实践应用 133
第一节　情境式教学模式的概念 135
第二节　情境式教学模式在日语课堂教学中的具体实施路径 142
第三节　情境式教学模式在日语课堂教学中的应用效果与反思 145

第六章　小组合作与任务型教学模式在日语教学中的实践应用 149
第一节　小组合作与任务型教学模式的概念 151
第二节　小组合作与任务型教学模式在日语课堂教学中的具体实施路径 162
第三节　小组合作学习与任务型教学模式在日语课堂教学中的应用效果与反思 165

第七章　翻转课堂模式在日语教学中的实践应用 167
第一节　翻转课堂模式的概念 169
第二节　翻转课堂模式应用于日语教学的实践方式 175
第三节　翻转课堂模式应用于日语教学的意义 180

第八章　现代化信息技术与日语教学的整合及实践应用 183
第一节　现代化信息技术与日语教学的整合 185
第二节　基于现代化信息技术的日语教学课件设计与开发 189
第三节　现代化信息技术支持下的日语网络资源建设 204
第四节　现代化信息技术支持下的影视配音在日语教学中的实践应用 205

参考文献 211

第一章　日语教学综述

本章将对日语教学进行全面综述，探讨日语教学的目标，明确培养学生具备何种日语能力及素养，为教学活动指明方向。本章阐述了日语教学的原则，以指导教师在教学过程中如何合理安排教学内容、选择教学方法以及评估学生学习成果，且深入解析日语教学法的基本内涵，为教师提供丰富的教学手段选择。本章旨在为日语教学提供理论基础和实践指导，帮助教师更好地开展日语教学工作，提升学生的日语学习效果。

第一节 日语教学的目标

一、日语教学的基本内容目标

目前,我国日语教育是将社会力量办学与大中专院校的日语教育作为中心而开展的,基础教育中的日语教学并不占据日语教育的主导性地位。但是在大中专院校的日语教育中存在着一些"零起点"的学习者,而专业的日语教育是基于基础阶段教学与高级阶段教学这两个层面开展的。

学校性质与学科培养目标决定了日语专业课在教学要求上独具特色,不同学科、课程、开设时间及周学时数使得各学年教学要求存在差异。我国各级各类日语教学纲要与国际日语能力考试要求,成为制定教学目标的重要参考。基础阶段可借助新媒体平台丰富教学资源,以数字化手段强化语言基础训练,如在线语音识别纠正发音等。高级阶段可利用新媒体的互动性开展学术研讨与交流,结合数字化分析学生学习数据,精准提升语言技能与专业素养,以适应新时代对日语专业人才的需求。

(一)日语教学基础阶段的内容目标

对于大学阶段的学生而言,大学一、二年级的教学内容目标关键是针对"零起点"而进行教学,和社会力量办学中,最初的一两年之内的日语教学,基础阶段的日语专业教学基本要求有以下两点。

1. 基础知识教学的目标

为了保障日语学时,可利用线上教学平台,灵活安排学习时间,确保学年教学不低于500学时。借助数字化资源库为学生提供丰富的日语学习素材,涵盖语音、语法、词汇等基本知识,助力学生掌握听、说、读、写基本技能。新媒体社交工具可搭建语言交流场景,让学生进行口头、笔头交际,为进一步学习奠定坚实基础。

教师在日语语音教学中,借助语音识别软件等数字化工具,实时纠正学生发音,确保朗读或说日语时,发音、语调基本正确且合乎规范。语法教学方面,利用多媒体课件生动展示日语基础语法,使学生对主要项目和难点理解透彻。让学生在线语法练习平台中进行语言实践，在语言实践中正确运用语法，减少错误发生。

对于词汇和句型的学习，数字化词库可帮助学生接触约8000个日语单词、250个以上基本句型及200个以上惯用词组。利用记忆软件和在线测试系统，促进学生积极掌握其中关键部分，提高学习效率。①

2. 基础语言技能教学的目标

日语基础语言技能教学的目标如图1-1所示。

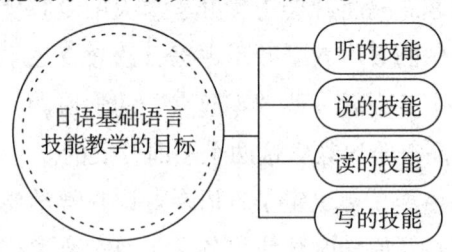

图1-1 日语基础语言技能教学的目标

（1）听的技能。学生需能听懂比较日常化的日语，甚至能听懂日本人一般性的讲话，听懂难易程度和所学课文比较接近的各种文章录音。其中，生词不可超过3%，不得出现有生疏的语法现象。

（2）说的技能。学生能够用日语进行比较流利的日常对话，可以和日本人进行一般性或者事务性的交谈活动；能够在自己已经学习过的题材范围之内，进行3分钟以上的连贯性发言，不能出现明显的用词或语法错误。

（3）读的技能。应能够朗读生词比例低且无新语法现象的各类文章，确保读音正确且富有表现力。借助数字化阅读资源，可接触大量与所学课文难度相近的文章，进行快速阅读并准确理解内容，进而口头叙述大意。且利用电子词典及在线阅读平台，可轻松阅读非专业性的一般日文报刊，拓宽知识视野。

（4）写的技能。能够记述或者改写能听懂、读懂的文章，并且可以做到在两个小时之内写出600字以上的记叙文、应用文，做到文理通顺，同时需要确保用词和语法是正确的。

---

① 李晓艳.日语教学的理论与模式研究[M].长春：吉林出版集团股份有限公司，2022：14.

(二)日语教学高级阶段的内容目标

高校日语专业三、四年级阶段的教学内容可以说是一、二年级阶段的延伸,高级阶段和初级阶段的日语教学内容相联系,能够进一步促使学生在练习好听、说、读、写、译等基本的日语学习技能的基础上,不断开阔自身的眼界,帮助学生有效拓展自身的日语知识面,深入学习与日本文化、文学等方面有关的内容。以《高等院校日语专业高年级阶段教学大纲》为基准,可对该阶段的日语教学提出如下要求。

1.知识结构目标的分析

根据《高等院校日语专业高年级阶段教学大纲》所提出的要求,高级阶段的日语专业教学应从语言知识教学转向语言理论、与语言有关的专业知识与理论的教学,并且应适当结合专业选择教学重点与内容。[①] 所以,日语专业课程的设置具体是由学校结合对学生的培养目标进行适当的调整。大纲仅仅是详细规定了课程的目标本身。

2.语言技能教学目标的分析

高校日语专业高年级阶段教学大纲同样对语言技能培养的目标做出了十分明确的规定,从听、说、读、写、译等几个方面出发,明确提出了具体的要求。

(1)听的教学目标。使学生可以听懂日本人使用标准的日语说的话,反应速度要快,且能够正确理解其所表达的意思,并且可以重复其所说的要点。当学生听完电视节目、现场采访或者日本人的方言之后,可以深入了解到故事的要点与主旨。

(2)说的教学目标。学生可以使用日语表达自己的想法,能与日本人进行自如的交流。如果是在准备时间比较短的情况下,学生能够用日语进行即兴演讲,或者是积极发表自己的学术见解,针对自己所熟知的话题展开积极的讨论与辩论活动,并在此过程中表达自己的看法与见解。要求学生日语发音语调应自然流畅,表达正确、通顺,不可出现比较明显的语法错误与问题,不会影响阅读的内容。并且要求学生能够结合不同的对象与不同的场合,正确选择不同的语言,尤其是敬语的使用、色彩与语气的掌握。

(3)读的教学目标。除了一些专业的技术资料以外,日本的文章基本上没

---

① 杨菁.日语教学理论与实践研究[M].北京:中国纺织出版社,2022:3.

有生词，只有一些最新的外来语、个别生词或者流行语。使学生可以阅读一般的日语文字，学会领悟作品的意蕴与主旨，并且可以自主总结文章中的主要内容，独立思考与分析文章中的思想观点、结构、语言技巧与风格的装饰等。

（4）写的教学目标。学会使用日语书写格式标准，确保基本语法是正确的，从而写出内容清晰的信件或者调研报告。同时可以自主撰写丰富的议论文、说明文等，确保文章内容有一定的深度与广度。在思想准备比较充足的情况下，学生的写作速度应达到每小时600～700字，确保不会出现明显的语法错误，用词恰当，且应使用简敬体。

（5）译的教学目标。在进行日语口译的时候，可以做到不做任何准备，就能轻松完成日常的翻译工作，并且应形成经济、政治、文化等方面的翻译能力，忠实原文，语言流利，可以正确区分各种语感，把握说话人的心理状态。在笔译的时候，能够翻译各种以日语书写的文章或书籍，结合工具书与注解，从而对普通的日文古代文字进行翻译。在翻译中文的过程中，应做到一小时内翻译500～600个单词，针对文学作品的译文，应确保意旨与风格和原作大致相同，其中的关键内容是正确的。

3. 实践教学目标的分析

高校日语专业教学中，高级课程也涉及毕业设计、毕业时实践等有关的内容。撰写毕业论文主要为了锻炼学生的写作水平，不断强化学生的写作思维，提高学生分析与解决问题的能力。论文的选题应在所学课程范围之内，并且撰写论文的过程中应融合自己的独特见解，标明引用观点的出处，字数一般是在6000～8000字。①

学生参与毕业实习的主要目的是把理论知识应用于实践中，从而弥补课堂中的不足之处，有效强化学生的知识积累，锻炼学生实践能力与动手能力，进一步为学生日后步入社会做好准备。②

如今，随着我国高等教育人才培养质量的不断提高与教育改革的不断深入发展，社会对于外语人才的需求已经越来越高，逐渐从研究型人才转向了实践型人才。为了全面适应当今社会对于外语人才的实际需求，各大高校也已经

---

① 杨菁.日语教学理论与实践研究［M］.北京：中国纺织出版社，2022：4.
② 李晓艳.日语教学的理论与模式研究［M］.长春：吉林出版集团股份有限公司，2022：14.

积极探索了实习实践课程计划、课程类型、课时量、模式等方面的改革，切实结合学生的实际发展需求增添了顶岗实习、海外实践、社会实践等诸多新型的模式。

高校日语专业的实习实践改革具有重要意义，延长实习时间至4个月并分阶段设置在大三和大四各学期，为学生创造了丰富的接触社会的机会与语言实践平台，有助于学生在不同阶段逐步提升专业能力和适应社会的能力。实习成绩评定从工作态度、业务水平、工作成绩及实习报告等多方面进行考核，由实习岗位指导教师和学校带队教师共同评价，确保了评价的全面性与客观性。工作态度反映学生的职业素养和责任心；业务水平考量学生的专业技能掌握程度；工作成绩体现学生在实习中的实际贡献；实习报告则促使学生对实习经历进行总结与反思，进一步提升专业认知。这一评价体系有助于激励学生积极投入实习，为未来的职业发展奠定坚实基础。

二、日语教学的能力培养目标

（一）日语语言知识能力培养的目标

语言是一个比较整体化的体系，语言结构有三大要素，分别是语音、词汇、语法，可以说，语言的三大要素共同构建了日语知识教学的核心，语言理论知识的教学本质上就是对语义的辨析与解读。

1. 日语语音能力培养的目标

辨音能力是基础，使学生能够准确区分日语中的不同音位，为后续的学习奠定基石。精确重现发音的能力要求学生通过不断练习，达到标准的发音水平。对声音的控制能力有助于学生在发音过程中把握好音量、音色等方面，提升语言表达的质量。自动化言语动作熟练的能力可提高语言输出的流畅性，减少卡顿和错误。而感知和再现日语语调的能力则能使学生的语言更具自然度和表现力。这些能力相互关联、相辅相成，共同构成了日语语音能力培养的核心内容，对于学生掌握日语这门语言起着至关重要的作用，也为其进一步深入学习日语的语法、词汇及文化等方面提供了有力的支持。

2. 词汇能力培养的目标

日语词汇能力培养的目标在于帮助学生形成对词汇的感性认识的形象记忆

力，使学生能够迅速、准确地区分近似词，并且可以快速理解新的概念，学会区分词语的意思。同时，要求学生快速了解单词的特定含义，引导学生识记各类的日语短语或成语，促使学生能够在感知日语的过程中，形成迅速认知与理解词汇的能力，令学生能够迅速找出必要的日语词表述自己的见解与想法。

3. 语法规则能力培养的目标

日语教学中，语法规则的培养目标是引导学生学会识别不同类型的词汇或句型，帮助学生形成发现日语词汇结构与语法特点的能力，使学生能够结合语法规则变化单词将词汇连成完整的句子。并且引导学生迅速、精确地辨认与再现各种语法结构，全面掌握词的一致性关系。在修辞方面，学生应具备系统概括语体词汇与语法特点的能力，能够灵活辨认与再现各种语体。

（二）日语技能的能力培养目标

语言是一种人们用来进行交际、交流的工具，通常情况下，人们会采用听解、会话、阅读、写作的方式开展交际，所以，外语学习的四项基本技能是听、说、读、写。

技能具体指的是身体中各个部分的灵巧动作与感官的敏锐程度，外语教学中所谓的"四技"训练，所对应的就是人们应用外语时的口、眼、耳、手等感觉、视觉、听觉、触觉等器官，从而进行"外语熟练"或者"外语适应"的训练活动。学生在训练日语语言技能的时候，也能够不断促进自身各种言语能力的有效提高。

1. 日语听解能力的培养目标

作为获取知识和技能的重要手段之一，听解不仅仅是听觉器官的简单运动。在听解过程中，学习者需积极展开一系列复杂的智力活动，如感知、记忆、分析、归纳与综合等，使得听力训练成为一种极具价值的智力训练方式。良好的听解能力有助于学习者更高效地接收日语信息，为语言的进一步学习与运用奠定基础。它要求学习者不断提升听觉敏感度、增强记忆力和思维能力，以更好地应对各种听力场景，实现日语学习的全面进步。

结合听的心理特点，可以将学生听的能力进行系统概括，即快速捕捉与存储信息的能力、辨别各种语音的能力、适应日语语速的能力、长时间听解的能力、综合语概括的能力、判断能力等。从而帮助广大学生了解听的心理特点，并且全面掌握有效提升自身听解能力的方式，这是日语听力教学中，有关于学生听解能力培养的重要目标。

2. 日语会话能力的培养目标

会话能力即"说"的能力，会话实际上是一种比较积极的言语活动，是一种不经过分析或者翻译，能够迅速使用外语进行思想表达的重要技能。会话能力并非简单地对已经学习过的语言材料进行重复，而是一种学生创造性地组织已经学习过的语言材料，从而表达自己思想的一种"说"的行为方式。会话能力实际上是一种重复式言语能力，从会话的特点来看，可以将学生的会话能力进行概括，分成以下几点。

（1）创造性地、自如地应用已经学习过的语言材料，进行思想表达的能力。

（2）主要将注意力集中在会话内容上，而非集中在语言表达形式上的能力。

（3）敏捷思考与快速应用语言的能力。

（4）在进行会话时的日语思维能力，以及应对无主题对白的语言交际能力等。

教师在日语专业教学的过程中引导学生们了解说的特点，促使学生掌握提高会话能力的方式，是一大重点教学目标。

3. 日语阅读能力的培养目标

阅读作为获取语言知识的重要途径之一，能够实现间接的言语交际，使学习者接触到丰富的语言表达和文化内涵。如今，信息技术与现代化网络的发展使得网络在线阅读广泛普及，为获取日语阅读材料提供了更为便利的条件。阅读能力在培养其他言语能力方面发挥着杠杆作用，既有助于扩大词汇量、提升语法理解能力，又能增强语感和语言运用的准确性。因此，培养阅读能力成为外语学习中的一项关键任务。学习者应充分利用网络资源，提高阅读的广度和深度，通过不断的阅读实践来提升自身的语言综合素养，为更好地掌握日语及其他外语奠定坚实基础。

阅读能力指的是学生识别、理解、感知语言材料的能力，其中包括了辨认词语词组的能力、掌握作者思想与段落中心思想的能力、理清句与段间的关系的能力、整体理解文章的能力等。教师在日语教学的过程中帮助学生了解读的心理特点，指导学生掌握提高阅读能力的方式是重中之重。

4. 日语写作能力的培养目标

写作是一种语言输出的过程，是借助文字符号进行信息传递的语言活动或者语言交际形式，更是一个十分重要的语言交际活动。如今，伴随着现代化网络的广泛普及，人们的网上交流活动日渐频繁，日语应用写作已经由最初的书信、公文、文艺作品等方面逐渐进行了扩展，已经转向了网络信息交际等领域中，从而不断促进了写作的应用性增强，对于学生的写作能力也有了越来越高的要求，所以培养学生的日语写作能力是日语教学中的一项重要工作。

日语写作能力包括了书面造句能力、素材搜集能力、书面语言应用能力、构思能力、捕捉灵感能力等，培养学生的日语写作能力重在帮助其了解写作的特点，使学生掌握提高自身写作能力的方式。

5. 日语翻译能力的培养目标

翻译指的是把一种语言信息转变成为另一种语言的过程，此过程是准确、流畅的。按照译者在进行翻译时所体现出来的文化态度，主要可以分成两大类，即"归化"与"异化"。按照对于译者的期望，主要可以分成文献型与工具型两大类型。按照译者对原文与译文的对比与观察，主要可以分成文学与语言学两大类型。按照翻译媒体的差异，主要可以分成口译、笔译、机器翻译、电话翻译等。由于上述分类涉及语音与符号两种语言形式，所以可将重点放在口译与笔译两方面。

（三）情感能力的培养目标

在日语教学中，情感能力培养目标的重要性不容忽视。达尼艾·格尔曼在《情感——心理智能指数》中从五个方面分析情感学习能力，为日语学习的情感态度能力培养提供了理论依据。学习愿望与兴趣的培养重在于激发学生对日语的热爱，能促使他们主动投入学习。树立良好学习动机的能力可让学生明确学习目的，增强学习的持久性。调节个人情绪的能力有助于学生在学习过程中保持积极心态，克服焦虑等负面情绪。勇敢、积极地参与语言实践的能力能提升学生的语言运用能力，通过实际交流巩固知识。与他人的协作能力可促进学生之间的互动与合作，营造良好的学习氛围。探索精神与毅力能推动学生不断深入学习，克服学习中的困难。培养克服困难的勇气和决心的能力、吃苦精神则为学生提供了坚韧的品质保障。人际交往能力有助于学生拓展人际关系，丰富语言学习环境。教师应关注学生的学习心理特点，适时进行引导和调节，以实现情感态度培养的目标，促进学生全面发展。

（四）学习策略能力的培养目标

学习策略指的是学生为了全面掌握某一知识点或者某一技能而采取的一系列的方式，一般可以从四个方面来理解学习策略，即认知策略、调控策略、资源策略、交际策略。学生形成外语能力除受教学策略的影响之外，还应通过学生的学习实践活动而体现，学生日语能力的形成通常离不开一个至关重要的条件，即学习策略的选择。

学习策略涵盖多个方面，选择有效感知、记忆、联想等方法的能力，能让学生根据不同的学习内容和自身特点，灵活运用各种认知手段，提高学习效率。合理选择预习和复习策略的能力，有助于学生在学习过程中做好充分准备和巩固所学知识。有效理解知识和概念的能力，是深入掌握日语的基础，学生需运用分析、归纳等思维方式，准确把握日语的语言规则和文化内涵。主动探索符合日语学习规律的学习技巧的能力，则鼓励学生在实践中不断尝试和创新，找到最适合自己的学习方式。调节学习中自我生理与心理机能的能力，可确保学生在学习过程中保持良好的状态。正确评价自我学习的能力，使学生能够客观认识自己的学习成果和不足之处，为进一步调整学习策略提供依据。监控自我学习的能力和管理自我学习的能力，能帮助学生对学习过程进行有效的监督和规划，确保学习目标的实现。在团队学习中发现及借鉴他人学习方法的能力，促进了学生之间的交流与合作，拓宽了学习思路。选择既适合自我个性心理特征又可有效促进交际的行为方式的能力，有助于学生在实际交流中更加自信地运用日语。帮助学生了解学习过程的特点，掌握学习方法和策略，是学习策略能力培养的教学目标。

（五）日语跨文化能力的培养目标

学生学习一门语言不仅要掌握基础的知识，还需要学习当地的文化与习俗。跨文化学习涉及跨文化接触、跨文化理解与跨文化交际三个方面，跨文化接触指的是个体有选择性地通过母国文化了解跨文化，跨文化理解指的是辩证地认识日本文化的内涵与思想观点，学习者本身的价值观、思维方式等方面会对跨文化的理解与认识造成比较直接的影响。而跨文化交际指的是在与日本人进行交际的过程中，怎样有效避免文化冲突的发生，使跨文化交际能够朝向人们所期待的目标方向发展，确保跨文化交际得以顺利进行，跨文化交际又被称为了"跨文化知识应用"。

在日语教学中跨文化交流能力培养的重点在于了解并训练学生的各项跨文化能力。意志决断能力可促使学生在跨文化情境中果断做出决策；问题解决能力有助于应对不同文化背景下的各种问题；创造性思考能力和批判性思考能力能让学生以新视角看待跨文化交流，分析差异；有效的交际能力和人际关系能力保障了交流的顺畅与和谐；自我认识能力使学生更好地理解自身文化与他者文化的差异；共鸣能力则促进对不同文化的理解与认同；情感控制能力和对焦虑的处理能力确保学生在跨文化交流中保持良好心态。

第二节　日语教学的原则

一、提高学生综合素质的原则

人的素质指的是人们在具体参与某种活动时的心理、生理条件，或者其自身的身心发展水平，人的素质又可分为个体的与群体的两种形式，而个体素质包含生理与心理层面。心理方面具有丰富内涵，既涵盖知觉、记忆等先天心理特质，又囊括政治、思想等内化的社会性心理内容。这些心理要素相互作用，影响着个体的认知、行为与发展。在研究个体发展时，需充分考虑心理特质的多样性及其与生理素质的关联。[①] 理解这些要素有助于深入认识个体的行为模式和成长规律，为教育、心理学等领域提供更深入的理论依据，以更好地促进个体在生理与心理层面的全面健康发展。

日语教学不单单是要求学生掌握日语知识与技能，更要求学生在进行日语课内外学习的过程中，不断提高自身的文化修养。既能令学生受到思想教育、道德教育与人生观价值观的教育，并且能够启发学生的智力，锻炼学生的综合

---

① 程青，张虞昕，李红艳.日语教学理论与实践模式研究［M］.长春：吉林人民出版社，2019：14.

能力，将日语教学和人的全面发展有机结合。

在提高学生综合素质方面，教师肩负着重大责任。在教学过程中，教师应注重挖掘学生智力潜能，发展其智力水平。外语学习的智力要素丰富多样，语言感知能力使学生敏锐捕捉语言信息；观察力助力学生发现语言现象与规律；记忆力确保知识的积累；联想力拓展思维广度；逻辑思维能力提升语言运用的准确性；创造力推动语言表达的创新；自学能力则赋予学生持续进步的动力。且教师要重视对学生四项基本技能的培养，即听解、会话、阅读、写作能力。听解能力是获取信息的基础；会话能力促进交流互动；阅读能力拓宽知识视野；写作能力锻炼语言输出。有学者将翻译能力也纳入外语能力要素范畴，翻译能力要求学生在两种语言间灵活转换，进一步提升语言综合素养。教师精心地设计教学活动，有针对性地培养这些能力要素，可为学生综合素质的提高奠定坚实基础。

二、营造各种形式的语言学习环境的原则

我国高校开展日语教学活动的主要特点之一是这是一种间接认识的活动，在实际教学的过程中，学生以课本知识学习为主。在日常生活中，人们用语言进行沟通是比较鲜活的，有的时候语言规则无法完全解释人们在现实生活中所应用的语言现象，特别是作为外语的日语语言和我国学生的人生经历具有比较大的差别，甚至对于我国的学生来说一些日语语言是完全不熟悉的。但是人类的认知通常是从感性转向理性，从具体转向抽象，假如不以感性的认知与具体的意象为支撑，则难以真正掌握语言的概念及文化背景。

因为学生和课本知识具有明显的客观差异，造成他们在学习与理解知识的过程中难以避免地面对重重障碍和困难，营造多种形式的语言学习环境直接影响了学生的成长和学习。具体而言，日语教学中营造语言学习环境主要可以采用下面几种方式。

（一）模象直观法

模象直观主要指的是结合多种方式对物体进行模拟，其中涉及图表、模型、幻灯等。虽然实物直观有着比较强的真实感与实效性，但是经常容易受到实际情况的多重限制。模象化的方式能够有效弥补物理方面的缺陷或者不足之处，特别是在教育中，因为应用了现代科技，使得模象化的范围逐渐变得越来

越宽广，主要可以借助一些技术手段而实现。

（二）语言直觉

语言直觉指的是教师通过自身语言的使用，形象化地描写学生所获得的知识与体验，帮助学生产生感性的理解，营造良好的视觉效果。语言的直觉往往不受时间、空间与物质条件的限制，是一种比较便捷、经济的方式，语言的直接效应则主要依赖教师自身的素养和素质。

（三）教学条件与设施的完善

在当代，科学技术高度发达极大地提升了日语教学的外部环境水平。丰富的图书情报资料、先进的影像设备以及广泛的网络媒体资源，为日语教学创设了良好的语言学习环境。这些条件设施拓宽了学习资源的获取渠道，并利于增强学生的学习体验和兴趣。教师应充分利用这些资源，创新教学方法，提高教学质量。同时，学校应不断完善教学条件设施，为日语教学的持续发展提供有力保障，以更好地满足学生日益增长的学习需求。

三、激发学生学习动机的原则

学校教育的一大特色是"有领导意识"，外语教学中如果缺乏教师的引导，学生往往无法独立完成外语学习任务，所以教师应承担起自身的职责，在有效完成教学任务的同时，确保教学质量的提高。然而在实际教学的过程中，学生占据着主导性的地位。在日语教学的过程中，教师有着举足轻重的作用，一方面需要充分调动学生的学习好奇心，引导学生养成积极学习的态度，培养学生学习自主性。如果没有这一基础，那么学生则难以真正掌握语言的知识与技巧，更加难以实现学生自身潜力的发展，更无法对学生的学习态度与情感加以有效培养。

学习动机是引导学生积极展开学习的内在动因，其根本的心理因素有：对学习的需求、对学习的必然性与信仰；学习兴趣、爱好或习惯等。[①]

当学生进行一项学习活动的时候，他们不仅需要具备一定的学习需求，更无法离开一定的学习目的。主要原因在于，学习目的是引导学生进行学习的根本，所以可将之称为"学习动机"，学习目的与学生的实际需求最终影响了学

---

① 程青，张虞昕，李红艳. 日语教学理论与实践模式研究 [M]. 长春：吉林人民出版社，2019：14.

生的学习动机,是学生在实际学习过程中的一个至关重要的因素。学生的学习动机可以通过教育教学的过程而培养,培养学生的学习动机对教师的要求如下:结合目标设立、奖惩机制、选择受关注的特点问题等启发学生学习的自觉性;激发学生内在的求知欲与好奇心,引导学生结合直观观察或者实践活动形成比较稳定的学习兴趣;以阿特金森的成就动机理论为基础,始终为学生提供难易系数为50%的学习内容,主要是在这一难易度系数下,学生往往有着比较强的学习动机;针对一些缺乏学习动力的学生,教师还可以适当结合学生的兴趣与爱好,比如日本动漫、网络游戏等原有动机,鼓励学生将自己的兴趣爱好作为动机,从而完成知识的迁移与学习,以形成学习的需要。

在学生已经形成了基本的学习需要之后,教师为了促使学生不断维持或者取得进一步的发展,还应做好激发学生动机的工作,这对教师有着明确的要求。具体而言,教师可以采用讨论式、启发式等新颖的教学方式,不断激活学生参与语言实践活动的意识,强化学生的语言应用水平,增强学生的综合能力。教师应为学生营造轻松愉悦的学习氛围,避免学生产生过度紧张的心理,并应结合实际教学的内容适当开展学习竞赛活动,灵活处理竞争和合作的关系,全面构建合作型的课堂结构。

四、重视培养跨文化交际能力的原则

外语教学以培养学生交际能力为主要目的,其中交际能力由语言能力与社交能力共同构成。交际依靠言语和非言语行为实现,不了解对象国文化便无法真正拥有跨文化交际能力,且交际行为受使用者文化制约,亦是文化载体。在日语教学中,跨文化交际能力的培养至关重要。应重点研究干扰交际的文化因素,如语言手段方面,不同的词汇、语法结构可能传达不同的文化内涵;非语言手段包括肢体语言、面部表情等,在不同文化中有不同含义;社交准则涵盖礼仪规范、交往方式等;社会组织影响交际的场景和对象;价值观念则决定了人们的行为和思维方式。深入了解这些因素有利于学生更好地掌握日语,提升其跨文化交际的能力和水平。

语言包括了词语的文化内涵、逻辑思维与篇章结构等诸多方面,非语言手段则是指身体语言、服饰、手势等,社交准则泛指人们在实际交往的过程中需要遵守的各种规则,或者应遵循的一些风俗习惯等。社会组织指的是家庭成员之间的关系或者同事、朋友之间的关系等，价值观念涉及人与自然的关系、人生观、世界观等。日语教学中加强对学生跨文化交际能力培养的重视度，主要是使学生了解不同文化的交际功能模式，帮助学生能够意识到基于不同文化背景下，人们惯用的言行交际方式有哪些。让学生了解不同文化行为与其功能，强化学生对于不同文化背景下，人们通常会有哪些行为，并使学生与受自身文化影响的行为相联系。让学生了解不同文化背景下，人们的价值观、人生观与世界观等，强化学生对于自身文化的意识，并提高学生对于不同文化、不同道德标准的人们的认识。同时让学生直观地了解不同文化背景下，人们的日常生活模式与语言、非语言行为方式，重要的是一些人们在日常生活中比较常见的行为，从而帮助学生了解具体情景的行为原则。

在日语教学中贯彻跨文化能力培养原则，对教师提出了多方面的要求。教师需明确跨文化能力培养的主要任务，培养学生理解人们的行为受文化影响，认识到年龄、性别、社会阶层、居住地等因素对社会影响力的作用。增强学生对日本文化中常规行为的意识，以及对日语中词和短语文化内涵的认识。同时，培养学生评价和完善日本文化的能力，获取并加工整理日本文化信息的能力，激发学生对日本文化的求知欲，鼓励学生体验与日本人的文化共鸣，从而使学生全面深入地了解日本文化，为跨文化交际奠定基础。教师应掌握跨文化能力培养的基本方法。如，对比法可让学生清晰地看出不同文化之间的差异；交际法通过实际交流提升学生的跨文化交际能力；演示法、实物以及图片参照法能直观地展示日本文化；讨论法促进学生之间的思想碰撞和对文化的深入思考。不同方法各有优势，教师可根据教学内容和学生特点灵活运用。且教师要注重行为文化的导入，将语言习得和文化习得有机结合，使学生在学习过程中不仅获得语言能力和言语能力，还能提升交际能力。教师结合行为文化的导入，能够使学生更好地理解日本文化在人们行为中的体现，从而在跨文化交际中更加得体、准确地表达自己，避免文化冲突。

五、教师指导与学生自觉学习结合的原则

从教育过程的本质与教师的主要作用来看，教师在整体的教育过程中需要处于主导性地位。主要原因在于教师是教育计划与教育方针的执行者，教师对学生的学习产生了直接影响，主导着学生的发展方向与质量规格。教育本身是

一个有计划的、有目的的育人过程，人的发展实际上是在教育的过程中，依靠教育者有计划性地、有组织性地系统实现的，任何的教科书、教学计划等都难以替代教师在培养人才方面所体现出的价值与作用。教师往往受过比较系统化的训练，大多数教师有比较扎实的教学经验与专业知识，明白教育的规律，掌握行之有效的教学方法，所以可以说，学生的学习离不开教师的指导，只有在教师的正确指导下，学生才能够在比较短的时间之内取得良好的学习效果。

显而易见，教育的过程实际上是师生的双向活动，离不开学生积极主动参与学习。充分将学生的学习积极性与主动性调动起来，是教师主导作用的主要内涵之一，更是衡量教师主导作用发挥程度的一大指标。所以，从教育过程的总体角度上来看，基于"教"与"学"这两大主体关系上，教师所处的位置是具有主导性的。

学生作为学习的主体，承担着学习任务。学习内容面前，学生是主人，而学习客体则涵盖教师施加的教育影响及教师自身。认识到学生的主体地位，能促使教师在教学中关注学生的学习情况，积极调动学生学习的积极性与主动性。学生在教育过程中具有主体和客体的双重属性，承认学生的客体地位，是教师发挥主导作用的前提。教师只有明确学生处于客体位置时对教育的需求与反应，才能更好地实施教学，且明确学生的主体地位是提高教育活动效果的关键与根本。只有当学生的主体地位得到充分尊重，他们的学习积极性才能被最大程度地激发出来。教师在教学中应充分调动学生学习的自觉积极性，让学生主动学习。教师可通过多样化的教学方法、丰富的教学资源以及积极的引导，激发学生的学习兴趣和探索欲望。只有当学生主动参与学习过程，才能最终理解并掌握所学知识，实现教育的目标。这也要求教师不断提升教学水平，以更好地适应学生主体地位的需求，提高教育教学质量。

教师面对的是全体学生，应充分了解每一位学生的实际情况。现代教育强调了不能让学生适应教育，而是要让教育适应学生。除了学业表现，教师更应分析每一位学生的性格特点，掌握其家庭背景与生活经历等。

不同的个体之间具有一定的差异性，学生的差异性既有着其客观存在，同时又具备一定的合理性，教师应尊重不同的学生。日语教学的各阶段课程目标基本上包括一级目标与二级目标，在满足一级目标与二级目标的基础上，教师应帮助学生取得不同方面的发展，促使学生不断提高自身的水平。优质的教育并非一个"标准件"，而是促进人格的全面发展。

六、巧妙处理日语教学中关系的原则

（一）汉语与日语关系的处理原则

在外语教学领域，翻译法与直接法因对母语态度不同而分为两大学派。翻译法借助母语促进外语学习，直接法则完全排斥母语。在日语教学实践中，妥善处理汉语与日语的关系直接关联到教学方法的选择及教学效果。需深入研究两种语言的特点与差异，权衡母语在教学中的作用，以找到最适合的教学方法，提升学生对日语的理解与运用能力，实现良好的教学成效，促进日语教学的不断发展与进步。

语言是约定俗成的，语言有着一定的科学性与民族性特点。从语言学上来看，日语与汉语属于不同的语系，汉语隶属于汉藏语系分析语，有声调。汉字是汉语的文字系统，这是一种意音文字，在表意的同时，也有着一定的表音功能。但是日语属于黏着语，主要是通过在词语上粘贴语法成分而构成句子，被称为"活用"，即使结合得相对不够紧密，也并不改变原来的词汇含义，而只表示语法功能。

日语教学的过程中，灵活处理好母语和日语的关系，基本上对老师提出了下面几点基本的要求。

1. 掌握母语的使用

分析外语学习者在有限范围内能用外语思维的现象，可发现并非从学习初始就排斥母语所致，而是反复操练及使用外语进行真实交际的成果。学生在学习和使用日语的过程中会历经两个阶段。第一阶段为日汉、汉日的翻译过程，此乃学习的初级阶段。在此阶段，学生借助母语理解和转换日语知识，为后续学习奠定基础。第二阶段是完全用日语思维、排除翻译的过程，属于学习的高级阶段。这一阶段要求学生直接用日语进行思考和表达，更深入地掌握日语语言的逻辑和文化内涵。教师应根据学生所处的不同阶段，采用相应的教学方法，引导学生逐步从初级阶段迈向高级阶段，提升日语学习的成效。

学生在进行外语学习的过程中，需要经历"自觉到不自觉"的过程，即先将母语作为外语和概念的中介，从而进行外语的学习与使用，之后渐渐摒弃这一中介，在外语与概念间构建比较直接的联系，这是应用外语的内部心理机制所产生的变化。学生学习与掌握外语的过程本质上就是实现飞跃的一个过程，想要实现飞跃,重在于进行反复的实践。学习者在控制应用母语翻译的时候,分成了积极与消极两种类型。自主调控能力比较强,且能够自觉训练排除母语翻译过程的学生,往往进步比较快,且口语能力比较强,属于积极的类型;相反,则是消极的类型。为了使学生将母语中介抛开,在学习的过程中实现质的飞跃,教师应在学生参与学习的过程中,对其进行积极有效的指导,引导广大学生在听力、会话、阅读与写作等学习过程中,渐渐形成"直读直解"的良好习惯,并且学会应用日语思维。教师在课堂教学中应尽可能少说甚至不说汉语,并且结合直观释义法和日语解读法等,帮助学生克服母语干扰,培养其良好的日语思维能力。

教师在教学的过程中,对待母语汉语应适当控制使用,同时要适当加以利用。翻译法只讲利用不讲限制,直接法只讲限制不讲利用,可见,两者均具有一定的片面性。采取翻译法释义往往能够节省大量的授课时间,但是这并非最理想的手段。因为语言并非一一对应的,所以有时翻译释义比较容易引起学生片面理解词汇的意义,造成语义误读的现象。

在日语教学中,对于是否使用汉语翻译需谨慎考量。一个词往往具有多种意义,若用大量汉语词汇翻译,会增加记忆负担,从语言思维培养及准确认知运用语言的角度出发,日语授课更为适宜。然而,在特定情况下可以适当使用汉语翻译。其一,当遇到用日语或直观法难以释义的词汇、成语、句子及语篇时,汉语翻译或解释可省教学时间,帮助学生快速理解难点内容。其二,作为检查学生知识掌握情况的手段,翻译法能直观地反映学生对语言的理解程度。其三,在区分日、汉语言规则和概念时,汉语可作为辅助工具,使学生更清晰地认识两种语言的差异。其四,区分日语近义词意义时,母语翻译有助于学生准确把握细微差别。但需注意,汉语翻译应适度使用,避免学生过度依赖母语,影响日语思维的形成。教师应切实结合教学实际情况,灵活运用汉语翻译,以提高教学效果。

2. 克服母语的干扰

汉日语言具有一定的相近性,可以为我国日语学习者带来便利,同时也能造成一定的干扰。一方面,虽然日语中有着比较多的汉字数量,但是一些日语汉字的语义和现代汉语存在的差异比较大。另一方面,日语中有促音、长短音、浊音等发音,而汉语中则没有。

汉语的"主—谓—宾"结构与日语的"主—宾—谓"结构大不相同,对于习惯汉语表达方式的学习者而言,语言思维的转换成为重大挑战。此外,日语中句子成分的作用和地位由助词决定,语序并不决定语义,这与汉语有很大差异。所以,学习者在学习日语时,必须深入理解日语的语法特点和助词的功能,努力克服母语思维的影响,逐步建立起日语的语言思维模式,对比分析两种语言的差异,从而更加清晰地认识到日语的独特之处,有针对性地进行学习和训练,从而更好地掌握日语语言,提高语言运用能力,实现从汉语思维到日语思维的有效转换。

学生在学习、掌握与熟悉语言规则的时候,不可避免地会受到母语造成的干扰。因此,在初学者乃至一些学习日语时间较长的学习者身上,经常出现"汉语式日语"的现象。此时,教师的指导作用则被充分体现了出来。教师在开展实际教学活动的时候,需要注意对母语干扰的选用、重点的安排以及训练系统的设计等方面加以重视,在课堂中重视"提点学生",引导学生有计划、有目的地克服母语的干扰,使其高效学习日语。

3. 应用汉语中的积极迁移效应

语言迁移主要指的是从母语的影响到二语的学习,其中涉及音、词汇、语法等诸多方面的因素。语言迁移还涉及语言以外的诸多因素影响,其中有文化传统、思维模式、社会历史等许多方面。

日语与汉语在历史上有着密切的联系与相互吸收的阶段,在日本绳文时代,尚无文字存在。公元四五世纪,汉语传入日本,起初仅为部分识字阶层所用。随后,随着我国文化制度、思想学说的传入以及佛教的普及,汉语逐渐融入日语的日常生活中,许多日语词汇的读音皆源自汉语。在飞鸟时代,约百年间,受唐文化的深刻影响,汉字的偏旁部分及草书汉字被广泛运用,在此基础上,日本人发明了片假名和平假名,进而形成了日语的完整文字系统,这种历史渊源使得汉语与日语在词汇、语法等方面存在一定的相似性与关联性。然而,这也给我国日语学习者带来了语言迁移的挑战,学习者容易受到汉语思维和语法习惯的影响,在日语学习中出现错误或不恰当的表述。因此,学习者需要清晰地认识到两种语言的差异,克服母语的干扰,系统地学习日语的语法规则、词汇特点以及文化背景,逐步建立起日语的语言思维模式,提高日语的学习效果和运用能力。

从历史的角度来看,汉语与日语呈现出了十分紧密的互动,日语教学的过程中,汉语与日语之间相互融合的语言文化,对于我国的学习者而言是一种独特的优势。巧妙结合汉语与日语语言、文化背景等方面的相似或者近似的特点，有效推动我国学习者汉语固有知识与经验在日语学习中的正向迁移，这是教师在日语教学中应坚持的原则。

（二）语言知识教学与语言技能教学关系的处理原则

语言学中，当语言与言语作为术语，且对立使用的时候，语言指的是语音、语法、词汇系统，而言语则是指用语言展开听、说、读、写的交际活动。语言有着全民性的特点，但是言语有着个人性的特点。

在日语教学中，对语言和言语的不同重视程度会带来不同的教学模式和效果。若重视语言，教学往往聚焦于语言形式和结构规则的教授，以分析讲授为主要方式，教师成为教学活动的中心，教学设计呈现封闭、固定的模式，使学生系统地掌握日语的语法和词汇知识。然而，若重视言语，则会以语言实践为核心，将学生置于活动中心。根据语言话题、内容、语义、语境的变化，教学设计多为开放、弹性的模式。这样可以更好地培养学生的语言运用能力和交际能力，使学生在实际情境中灵活运用日语进行交流。在教学中，应合理平衡对语言和言语的重视，将两者有机结合，既让学生扎实掌握语言基础知识，又能提升他们的语言实践能力，以实现更高效的日语教学。

语言知识是人们掌握一门语言的基础与前提，是形成语言能力的保障，在进行语言学习的时候，言语技能是最终的目标。使学生自如、准确地应用语言展开交际活动，这是日语课程教学中的主要任务与目标，日语教学应将言语技能训练与语言知识学习放在同等重要的位置而完成教学。

语言知识往往是比较有限的，语法、词汇基本上是固定的，有着一定的规律。选取难易程度与知识内容均符合教学目标设计的教科书，并且合理设定课程计划与教学计划，能够使学生在老师的指导下，达成学习与掌握知识的目的，培养学生的言语技能通常需要更长的时间。在教学的过程中处理好语言知识教学与语言技能教学关系，对教师具有下面几点要求。

1. 语言知识教学的基本原则

（1）处理好语音、词汇、语法教学的关系。语言系统内部囊括了语音、词汇、语法这几大要素，语音是语言的"外壳"，词汇是语言的"建筑材料"，语法是诸多孤立词汇的"黏合剂"，语音、词汇、语法三者之间的相互统一，才能进一步使语言成为重要的交际工具。

外语教学大纲将学生需掌握的词汇、句型依五十音图顺序列出,语法项目归类呈现。然而,大纲仅为教学纲要,不能替代教科书用于教学过程。教科书依据大纲编写,内容更具体、系统,有丰富的示例与练习。大纲为教学指明方向,教科书则将其细化落实,二者相辅相成。教师应正确认识大纲与教科书的关系,以大纲为指导,充分利用教科书进行教学,确保教学的科学性与有效性。

课文教学规定了语音、词汇、语法知识的具体教学内容与讲解范围,并且结合初、中、高级阶段中,技能教学的不同侧重点,在具体教学方法上充分发挥了协调与统筹的作用。

课文教学无法全面化解语言规则的问题,假如难以有效解决语音、词汇、语法的问题,那么课文教学则无法有效进行。由此可见,语言系统内部中的语音、词汇、语法这几大要素的单项训练同样是不容忽视的。一些教师在精读课教学中,通常是先讲生词,再讲语法,之后进入课文讲解与练习。而一些教师讲课文的段落作为主要单位,逐段为学生们讲解生词与新的语法。从宏观角度上来看,两种做法各有利处。

(2)重视知识巩固与应用。巩固是学习的根本,教师要不断引导学生及时进行知识巩固,使学生通过练习与复习,牢固掌握所学知识内容。在具体教学活动中,教师要想做到这一点,应满足如图 1-2 所示的几点要求。

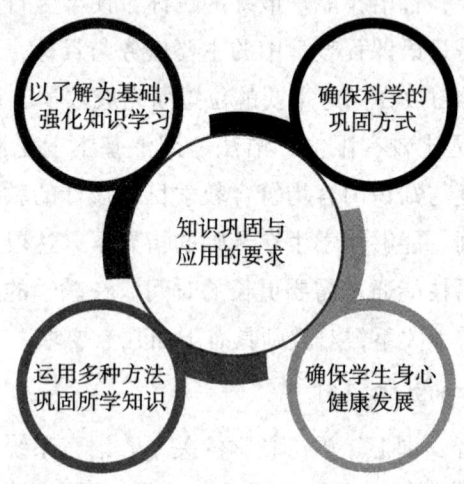

图 1-2 知识巩固与应用的要求

2.语言技能教学的基本原则

（1）重视语言实践。想要正确使用语言，应明白基础的概念与理论，但是在语言类学科教学的过程中，重要的是培养言语能力，不单单是向学生传授语言知识，为学生讲授语言理论，引导学生掌握语言的正确使用方法才是重中之重。

教师进行知识讲解是十分必要的，在课程讲授方面，重在于"精"，首先是精选语言材料，其次是精练、精确地进行语言讲解。"多练"主要是基于"讲"而提出的，所谓的多练不单单是增加练习的量与时间，其中更加关键的是学生善于进行练习。善于练习一是指科学化练习；二是指有针对性、目的性练习；三是指练习应利于语言交际能力的培养，其中有听、说、写等；四是指练习应切合学生外语学习的心理过程。

（2）听、说、读、写并重。从口语能力与书面语能力的角度来看，说和听属于口语范畴，阅读和写作属于书面语领域。外语口语学习始于听，学生通过倾听来模仿、记忆和重复，进而学会说。听为说提供了范例和创造了条件，而会说的内容通常也能听懂，说还能提高听的准确性。阅读能够让学生接触更多语言材料，对写作以及听说能力的提升都有积极促进作用。写作能力则有助于提高口语表达的逻辑性和语言表达的准确性。听和读是吸收语言材料的过程，说和写则是表达思想的过程。

日语教学应以大量的听说和阅读为基础，以说和写的过程巩固所学知识，做到听说读写四项基本技能并重，全面提高言语能力。大脑生理学的实验表明，听说读写各有其独特的生理机制，对某一言语技能的训练必须独立进行，不可相互替代。

在初级阶段的日语教学中，口语能力培养是主要任务，应侧重于听说能力的培养，同时以读和写的练习来巩固听说训练中掌握的语言材料。这是因为在学习初期，建立良好的口语基础对于培养学生的学习兴趣和自信心至关重要。通过大量的听力练习，学生可以熟悉日语的语音、语调、语速等特点，为口语表达打下坚实的基础。而口语练习则能够让学生积极运用所学知识，提高语言的实际运用能力。读写练习在这个阶段主要起到辅助作用，帮助学生巩固和加深对语言知识的理解。

中级阶段在继续发展口语能力的同时，要加强读、写的训练。随着学习的深入，学生对日语的掌握程度逐渐提高，需要进一步拓展语言技能。阅读和写作的训练可以帮助学生提高语言的理解和表达能力，丰富语言知识储备。同时，口语能力的持续发展也能够促进学生与他人的交流和互动，提高语言运用的灵活性。

高级阶段阅读的训练成为首要任务，同时兼顾口语训练。在高级阶段，学生需要具备较高的语言综合能力。阅读大量的日语文献、作品等可以拓宽学生的知识面，提高语言的理解和分析能力。且口语训练同样不能忽视，以保持学生的语言表达流畅性和准确性。

七、教学评价需推动教学质量提高的原则

教学评价将教学的目的作为基础，是对实践教学的过程与结果进行正确的价值评判，进一步为教学决策提供重要依据的一种行为，教学评估重点是对教师与学生学习价值展开综合研究的过程。

量化评价和质性评价是主要的评价方法，对教师实施教学评价重点涉及教育管理部门的负责人、同行、学生这三类人群，在学校教育中对学生实施评价，主要是以教师为代表对学生进行考试评估。

学生的学习评估方式包括测验、提问、观察、检查、听课、评课，对学生的评估实际上属于一项教学活动。此过程中，学生能够不断提高自身的知识与技能水平，并且能够在潜移默化中提高学生的心智与道德素质。

在日语教学中，教师应站在对学生进行评估的角度上，深入探讨教学评估的主要原理，对于广大教师而言，有几个比较基本的条件，如图 1-3 所示。

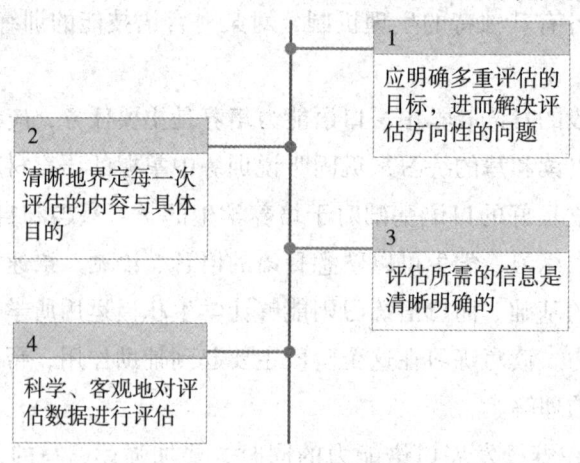

图 1-3　教学评估的基本条件

无论哪种教学理念的确立,均需要和现代化教育的目的相契合,结合教育现代化的本质特点来看,教育的民主化与主体性是首要的。

教育民主化涉及平等、公平地接受教育的机会,不单单是指入学机会与获取知识方面,也包括在教育过程中将个体的内在潜力发挥出来,以使其不断进步,还包括打造更加民主、平等的师生关系。

教育主体性则涉及两个方面的内容:一是尊重学生个人的主体性,令学生能自主、主动承担起自己的学业责任;二是尊重教育的自主性与相对独立性,不断革新传统的教学模式,基于新时代背景研究多元化的教学方式,从而培养一批批有个性的新生代。

第三节 日语教学法的基本内涵

一、日语教学法的基本概念

日语教学法即日语"教"与"学"的过程研究,并探索日语教学的规律,其中,日语、日语教学、日语教学法是三大关键要素。日语指的是日本民族使用的语言,以及和语言交际紧密关联的社会文化知识。日语教学指的是有关日语语言知识和有关技能的"教"与"学"的一系列活动,具体而言,指的是教师引导、帮助、教导学生学习日语语言文化知识,使学生能够全面掌握日语听、说、读、写等能力,提高学生汉日语言互译与跨文化交际的水平,全面推动学生的身心健康发展,使学生能够形成良好的思想品德,这是一种师生双向互动的活动形式。学校日语教学一般基于特定教学目标的指引,依照既定的教学大纲与教学计划,并且应用与教学目标、教学对象实际相符合的教科书,使学生能够在具备日语教学技能、日语专业知识与日语能力的教师的引导下,结合特定的学习目标而开展的学习活动。

除此之外,日语教学法也是一种研究日语教学理论与实践的科学。日语教学法针对日语教学的基本理论与教学的具体方法进行了研究,其中有讲授法、翻译法、练习法等，并且立足于不同国家、不同年龄段的教学对象进行了分析，探索了合适的方法与策略，以期实现因材施教。鉴于此，日语教学法不仅是研究理论的科学，同时是师生之间围绕着日语知识和技能进行"教"与"学"的实践活动形式。

二、日语教学法的研究对象与任务

日语教学法的研究对象涵盖多个关键方面，其核心任务在于深入探讨教学的基本过程。教学过程作为一个系统，首要体现为"人—人系统"，由教师、学生、教学目的、教材及教学方法等要素共同构成。教学的培养目标在其中起着关键引领作用，它决定着课程设置、教科书的选择以及教学评价的方法与标准等，与教育学、心理学紧密相关。一方面，教学内容为日语语言和日本文化，这与日语语言文化有着不可分割的联系。对日本文化的理解有助于更好地掌握日语语言，提升语言学习的深度和广度。另一方面，教学过程中会运用到教学设备和现代教学技术手段，则涉及教学方法与策略的选择和运用。如何根据教学内容和学生特点，合理选择教学设备与技术手段，以提高教学效果，是日语教学法研究的重要课题。从宏观上来看，日语教学法所研究的对象如下。

（一）日语教学的基本意义

研究日语教学的意义主要涉及了几方面：日语学习对于个人发展与国家建设有哪些意义；日语教学的教养、教育、实用目的，以及相互之间的关系，日语教学的实用目的与各年级的教学目标相契合；各级教育部门对日语教学的有关规定。

（二）日语教学的基本方法

教学是一种师生之间共同参与、双向互动的活动形式，想要研究怎样教，必须先研究怎样学。关于怎样教的问题：日语教学法的理论基础；各种各样的外语教学法流派的理论与实践；日语课堂实践教学与成绩考核；现代化的网络媒体、数字化技术、人工智能技术等。关于怎样学的问题：学生在日语学习中的主观地位；学生学习日语的心理活动过程；从学习者的角度上分析决定日语学习质量的关键因素，其中有学习兴趣、态度、动机等。

三、日语教学法的研究思路与方法

（一）研究思路

1. 以史为鉴

日语作为外语教学在我国已有百余年历史，自清政府设立东文馆，便开启了我国将日语纳入外语教育领域的历程。其起源于近代，在改革开放后获得更大发展，且作为外语教学分支，受以英语教学法为主的外语教学法影响。从外语教学法的发展历程审视，我国日语教学历经多个阶段。翻译法包含语法翻译法、词汇翻译法和翻译比较法等，在特定时期发挥了重要作用，有助于学生理解语法结构和词汇含义，但可能过度依赖母语，影响日语思维的形成。直接法强调直接用日语进行教学，培养学生的听说能力，但对教师和教学环境要求较高。自觉对比法、口语法、视听法、认知法、自觉实践法和功能法等也各有其优势与局限。

古为今用，可挖掘传统教学法中仍具价值的部分，结合现代教学需求进行创新。洋为中用则能吸收国外先进教学理念与方法，丰富日语教学手段。取其精华，有助于在不同教学场景中选择最适合的方法，提升教学效果。在对历史进行深入研究和反思的过程中，能为丰富和发展日语教学法提供宝贵经验，推动日语教学不断进步，培养出更多高素质的日语人才。

2. 吸收兼容

在教育领域不断发展与进步的背景下，一些与日语教学法息息相关的其他学科同样取得了不断的发展，获得了新的成果。其中，一些学科理论可以和日语教学实践相互结合，对日语教学实践提供实质性的指导，并成为丰富日语教学法的"宝库"。

（二）研究方法

1. 研究课题的分类

按照日语教学法研究课题的性质与作用，大致可以分为两大类型。一是理论性分类，主要表现形式是专题论文与专著。二是实用性分类，主要表现形式是各种教学资料或者文件，其中涉及教材、工具书、参考书与教学大纲等。

2. 研究方法的分类

（1）历史文献法。此方法又被称为"历史法"与"文献法"，旨在研读国内外各历史时期关于针对中国人开展日语教学的论述、专题论文和专著，能够全面了解不同阶段日语教学的思想动态与发展趋势。分析整理各个时期的教学大纲、教材和考题，有助于挖掘日语教学在内容、方法和目标上的演变规律。以历史的眼光看待这些文献，可以追溯日语教学的起源与发展脉络；以发展的眼光进行探索，能把握其未来走向；以批判的眼光审视，则可辨析其中的优势与不足，为当代日语教学提供有益的借鉴和启示，推动日语教学理论与实践不断创新和完善。

（2）观察调查法。观察调查法需要进行实地考察、获取相关数据，并以此为基础而开展调查的。老师可以用这种方法观察自己，借助微课教学设备将课程教学的全过程录制下来，在课后进行观看、观察，或者观察他人的现场教学，如此一来，教师能够直接获得一手的观察资料与数据，进而开展调查活动。

调查的目的是取得一些难以直接观察到的材料，比如，为了使用某部教科书、采取某种教学方法、评价贯彻某个大纲的实践效果。教师除了对教学现场进行观察，还应适当组织或参与各种各样的实践调查活动。

观察调查法涉及专门组织的调查测试、教学现场观察、学生作业调查分析等，应归纳整理并分析观察、调查的数据，再结合综合研究得出最终的结论。

（3）实验法。实验法侧重于通过教学实验验证原有假设或者理论的方式，根据实验的目的又可以细分成实验法、试证法、总结法。

①实验法。实验法指的是对他人或者前人的某种理论进行验证，综合分析是否有效、可行，一般多用于评论性研究中。许多时候，研究者在验证他人或者前人的理论时，往往会加上一些自己实施该理论的补充或者设想，这样的实验兼并试证的性质。一般情况下，在实际的教学实验活动中，单一采用实验法的情况比较少见，而采用有着试证性质与实验性质兼具的实验法是比较常见的。

②试证法。试证法主要用于探索性研究，研究者往往从文献阅读或教学实践中获取启发，进而形成设想或假设。随后，通过组织试证教学，对假设的科学性与可行性进行验证。试证法能够推动教学研究的深入发展，为教学理论的完善和教学实践的创新提供依据。

③总结法。总结法指的是教师不断在实践教学的过程中积累经验，并对自身所积累的经验进行分析与研究，从而将感性认识上升至理性认识，深入思考与探索教学的规律。

（4）经验总结法。日语教学活动本质上是一个具体参与实践的过程，教师的教学经验主要在教学实践中逐渐形成，只有教师认真总结教学经验，并将教学经验上升至理论层面，才可以更好地指导教学实践活动。总结教学经验首先需要教师自身具备明确的科学研究意识，选择具体的研究课题与研究对象，综合把握方针政策，实时掌握国内外的研究现状，并且制订合适的研究计划。以此为基础进行综合性的分析，并且进行广泛论证，对研究的成果进行全面总结。

第二章　日语教学内容与专业课程建设情况与发展阶段分析

本章深入分析了日语教学的内容与专业课程建设情况，明确了日语教学内容的概念及其分类，让读者了解不同类型的教学内容在日语学习中的作用。本章探讨了日语教学内容选择的内部与外部因素，阐述如何根据学生的需求、教学目标等因素，挑选出最适合的教学内容。最后一节聚焦日语专业课程的建设情况及发展阶段，展示日语专业课程在不同时期的特点与进步，为未来的课程发展提供借鉴。

第一节 日语教学内容的概念与其分类

一、日语教学内容的基本概念解读

人类社会经过了漫长的发展历程，人们在不断劳动与探索的过程中逐渐积累了大量的涉及人类生活的经验与知识，这些知识需要传承，故而演变成了学校教育的内容。日语教学同样如此，当提及教学内容的时候，人们通常先联想到了日语知识。[1]

结合实际经验可知，如果一个人不具备思考、观察、判断、操作等能力，那么则无法掌握知识。如果不重视应用已经掌握的多种知识化解各种问题，知识则难以在人们的现实生活中体现出重要的作用与价值。对此，发展学生获取知识的能力与技能已经成为日常教学中比较关键的内容部分。

不仅如此，教学同样是一种比较有力的手段与方式，学生在学习各方面知识的时候，能够结合自己的生活经验，形成有关于人生的认识与见解，且最终能够形成属于自己的世界观、人生观与价值观，也就是学生所接受的知识将会直接影响其自身的观念与道德修养等，而教师注重培养学生科学的生活态度、优良的道德修养以及正确的思想观念同样是教学内容中比较核心的部分。

另外，学生采取怎样的态度进行知识学习，直接影响了其学习态度、处事方式与性格等。对此，教师应在教授学生知识的同时，注重引导学生调整、改善学习的方式，帮助学生掌握终身学习的方法，进一步使学生形成良好的性格，在学习中能够有效掌握知识，在生活中能够处理好和同学、他人之间的关系，为学生将来步入社会奠定基石，这也是比较重要的教学内容。

日语教学可以说是整体教学中的一个分支，日语教学本身的内容具有一定的特殊性，同时具备各个学科都具有的共性。日语教学的内容如下：国家教学计划、日语教学大纲或者课程标准规定的，在教师与学生进行教学互动的时候，注重引导并帮助学生不断形成良好的日语学科素养。

---

[1] 王珏.创新视角下的日语教学内容与方法研究[M].长春：吉林出版集团股份有限公司，2021：21.

在日语教育体系中，日语教学的内容占据了核心地位，日语教育的目的需要以一定的教学内容为依托来实现。且日语教学的组织形式、教学方法等方面，均受到了日语教学内容的限制，并服务于教学内容，日语教学的水平与质量也需要将日语教学内容的实现情况作为关键，从而进行评定。

二、日语教学内容的主要分类

教学内容是构建学校教育体系的核心，日语教学内容是学生需要逐渐形成的日语学科素养，在对日语教学内容进行分类时，基本上是继承了前人的做法，且凭借自身的经验与判断而形成的。但是，伴随着当今社会的进步与日语教育事业的持续发展，日语教学的内容已经变得逐渐丰富、多元，甚至可以说已经超越了日语学科本身。所以应对日语教学的内容进行梳理，明确其主要分类。

（一）日语知识内容

在我国的日语教育发展历程中，日语知识的传授有着独特的演变轨迹。我国早期的日语教育可追溯至清末，当时的日语教育以传授日语知识为核心。最初主要是学习日语词汇，如《东语简要》，这本勉强可称为教科书的书籍基本就是词汇集。随着时间的推移，语音、语法和日语文字也逐渐被纳入教科书，像《东语入门》中就出现了"伊吕波歌"、五十音图以及词汇和短句，此后读本类、会话类、语法类等教科书相继出现。清末时期，由于学习日语主要是为了阅读日文并转译其他语言书籍，很多学习者追求速成。他们基于"书同文"的认识，认为掌握语法规则、调整词语位置就能将日文资料翻译成汉语，这使得语法类在当时的日语教科书中比重最大，语法也长期在我国日语教学中占据主导地位。而日语文字虽也是日语知识的一部分，但日语汉字因中国人学习日语时有一定优势，往往被忽视或归为词汇处理。

时至今日，语音、词汇和语法依然被公认为日语知识最基本的要素。语音是语言学习的基础，正确的发音直接影响了交流。词汇则是语言的基石，丰富的词汇量能更准确地表达思想和情感。语法规范着语言的结构和表达逻辑，确保语言的准确性和流畅性。然而，在现代日语教学中，不能仅仅局限于这三个传统要素。随着语言学习的深入和跨文化交流的需求增加，对日语文字的重视也应提升到新的高度。日语文字中的汉字虽然与中文汉字有一定相似之处，但在读音、意义和用法上存在诸多差异，深入研究日语文字能更好地理解日本文化和思维方式。随着时代的发展，日语知识的内涵得到不断扩展，日语教学应更加注重语言的实际运用能力和跨文化交际能力的培养。

（二）日语技能内容

一直以来，日语技能是我国日语教学的"双基"之一，和我国提出的基本知识与基本技能的"双基"教学理念存在着十分密切的关联。"双基"教学主要于20世纪50年代开始，在20世纪60～20世纪80年代被大力宣扬，得到了全面的发展，之后被不断完善、丰富。根据日语教学大纲来看，日语双基教学的历程比较清晰。根本原因在于我们国家的教学向来是以纲为本，双基内容主要是由大纲确定的，双基教学源自教学大纲的导向。基于双基教学理论，学习者学习一门外语不能仅仅掌握语言知识，而是更加需要掌握一定的语言技能，从日语教学大纲来看，其中对日语知识与技能的要求转变，呈现出了形成日语双基教学理论的轨迹，随着日语教学大纲不断提出新的要求，日语双基教学也渐渐得到了加强。

日语的基本能力重点包括听、说、读、写四个方面，但在我国初期阶段，日语教学的主要方式是"读"，而不是注重口语教学，追溯原因可知，主要是当时人们学习日语的目的是翻译资料，还有客观条件上缺乏语言环境及专业的日语教师等一系列原因。纵观中华人民共和国成立初期的日语教学，结合实际需求，外语教学界曾经出现了"听、说领先，读、写跟上"的说法，更提出了相互促进、四会并举"的主张。我国高等学校日语专业或者职业教育中虽然有翻译技能教学，进而提出了听、说、读、写、译的说法，但是听、说、读、写这四项技能仍然是最基本的。

日语知识与日语技能作为双基教学内容，具有紧密的联系。两者既相互独立，又相辅相成。语言交流分为口头交流与书面交流两种方式，人们进行言语交际需借助有声语言（听、说）或书面形式（阅读和写作）。若缺乏一定的语言知识和技巧基础，言语交际便无法实现。在基础教育阶段，尤其需要在听、说、读、写活动中培养日语知识，而听、说、读、写也成为提高日语基础知识的重要保障。

日语知识为语言技能的发展提供了理论支撑，语音、词汇、语法等知识是进行听、说、读、写的基础。例如，准确掌握语音知识，才能更好地理解他人的话语并清晰地表达自己；丰富的词汇量能提升阅读和写作的质量，且语言技能的实践又能巩固和深化日语知识，人们在听和读的过程中，可以接触到更多的语言材料，扩充词汇量和加深对语法的理解；说和写则促使学生主动运用所学知识，进一步强化对语言规则的掌握。然而，从我国 21 世纪以前的日语教学大纲来看，语言技能多列为教学目标要求，教学内容主要是日语知识，在一定程度上反映了当时对语言知识的重视。但随着教育理念的不断发展，人们逐渐认识到语言技能培养的重要性。如今，日语教学应更加注重平衡日语知识与日语技能的关系，将两者有机结合。在教学过程中，既要系统地传授日语知识，又要通过丰富多样的教学活动培养学生的听、说、读、写技能，以实现学生日语综合素养的全面提升。

（三）文化素养内容

语言和文化具有密不可分的联系，但是初期的语言教学主要限制在了语言层面上，对文化层面的教学有待加强。在交际教学思想快速传播的时代背景下，人们已经渐渐意识到了，接触与学习一门外语需要转换思维，站在外国人的思维或历史角度上深入感受他们的文化。但文化是一个比较宽泛的概念，从日语教学的视角上来说，怎样界定日语教学的具体内容是应着重思考、探索的问题。

从当前来看，我国许多日语课程的标准都做出了相应的转变，增加了一些与文化有关的教学内容，从而更加利于学生交际能力的提升，并且能够直接强化学生异国文化理解能力，更体现出了日语教学内容紧随时代改变而创新的轨迹。

（四）话题与主题内容

21 世纪初，日语课程标准引入围绕话题完成交际性任务的教学方式，并将"话题"列入附录。此举旨在强化学生的交际能力，精心挑选契合学生年龄与心理特征的话题，可推动学生投入贴近实际的学习活动，使交际任务目标清晰化，内容更具实用性，切实落实交际教学理念。之后，部分日语课程标准将"话题"升级为"主题"。主题围绕人们生活、学习和工作的特定范围展开，成为创设情境的关键线索以及开展日语实践活动的内容基石。教学指导性文件对"话题"的列入和"主题"的规定，是对传统教学大纲的重大突破，彰显了交际教学思想的深化。

日语教师需要深刻领会"话题"与"主题"的价值，努力构建与日语内容紧密关联的情境，深入挖掘其中蕴含的信息，并设计相关联的题目与任务，可激发学生的主动学习热情，提升其对日语的理解与表达水平。围绕主题展开教学活动，能帮助学生拓宽视野，接触多元文化，塑造多文化视角，增强思维能力。教师可依据不同主题组织讨论、辩论、写作等活动，促使学生在实践中运用日语知识，提高语言综合运用能力。主题式教学打破了传统以知识传授为主的模式，更注重学生的参与和体验，有利于培养学生的自主学习能力和创新精神，为日语教学注入了新的活力，引领其不断向前发展。

第二节 日语教学内容的选择

一、日语教学内容选择的因素

（一）外部因素

日语教学中的外部因素有许多方面，其中指的是日语知识、社会需求与条件、学日语的学生。日语知识的选择将直接对课程开设的最终效果与成败产生影响，社会需求与条件同样是直接决定日语教学内容的关键因素，比如，一个国家的实际需要，以及可能培养怎样的日语人才等均能制约或影响教学内容的选择，而学习日语的学生更是重中之重，教师应根据学生原有的知识水平与能力等进行全面分析，结合学生的可接受程度选择教学内容。①

（二）内部因素

对日语教学内容产生影响的内部因素研究通常较少，就目前而言，只能结合一些历史经验或者现实经验进行分析。一是日语教学的传统内容，不论日语课程怎样创新与变革，主要都是基于已有基础上的，教学内容可以改变、减少或者增加，但不能是凭空捏造的。并且教学内容的变化比较慢，无法在较短

---

① 王珏.创新视角下的日语教学内容与方法研究［M］.长春：吉林出版集团股份有限公司，2021：26.

的时间之内打碎旧的教学内容,重新建立新的一套教学内容,这与日语学科发展的客观实际不相符。二是教学论,尤其是课程论的观点。我们国家日语课程的改革、教学的改革,基本上都是伴随着课程理论或者教学理论的发展而展开的。三是日语学科本身相对独立的规律和有关学科的横向联系,因为诸多的因素与条件所产生的影响,日语教学的发展趋势已经呈现出了综合化、个性化、多样化、开放化的特点,本质上,日语教育已经不能局限于语言教育本身,而是为了推动学生的终身发展,服务于培养合格公民及有着国际视野的社会主义现代化建设人才。

当今时代,科学的迅速发展与信息技术的广泛普及,均为日语教学内容的选择带来了诸多新的需求。对此,日语教学在内容选择方面应顺应时代的发展,做到与时俱进,在保持与发扬既定的、合理正确的内容的同时,还应持续拓展、改善日语教学内容。

二、日语教学内容选择和教学目标的相关性

日语教学的目标是教师开展日语教学活动的出发点与落脚点,教学目标在很大程度上制约了教学内容的取舍。只有明确具体的日语教学目标,才可以进一步为日语课程教学的选题和组织奠定基础,并且提供初步的思路。在思考教学内容时,课程内容是不可忽视的,两者基本上是相等的。教学内容的根本内涵有三个方向,且三个方向代表了不同的教育目的。首先是教材内容,目标是向学习者传授知识;其次是学习活动,目标是开展学生的学习活动;最后是学习经验,目标是为广大学生提供比较有价值、有意义的学习经验。

(一)以传授日语知识为教学目标

一直以来,日语的传统教学内容往往是向学生传授日语知识,在以传授日语知识为目标的教学活动中,教师经常将日语的知识归纳至教材中,并且将教科书和教材内容视为相同的。而重视教材利于日语课程更加系统化,便于教师明确所教授的内容,同时可以为课堂教学提供依据。

(二)以开展日语活动为教学目标

20世纪后,科学技术进步对社会发展产生了显著影响。美国的博比特等课程专家通过对成人活动的研究,将不同社会需要转化为课程目标及学生学习

活动。博比特认为教育作为社会的代理机构，职责在于为个体有效参与社会活动做准备，教育目标应从社会中寻找。人类社会生活无论如何变化，皆从事特定活动，运用科学方法可发现基本生活活动，教育目标即让个体具备成功从事这些活动的能力。在教学目标的指导下，传统日语教学中用教科书传授知识的观念受到挑战。以开展活动为中心的日语教学成为新趋势，它不注重呈现内容，而让日语学习活动成为主角。在我国中学课堂也有体现，部分日语教师虽按教学进度上课，但课堂活动活跃，充满活力，旨在让学生通过各种活动学习日语知识、获得体验。

从教学目标的角度看，以开展活动为中心的日语教学强调学生的参与和体验，有助于激发学生学习兴趣，提高学习积极性。促使学生在参与活动时，能在实际情境中运用日语，增强语言运用能力和交际能力，且活跃的课堂氛围有利于培养学生的合作精神和创新思维。但若不能引导学生对活动中的学习进行反思和内化，可能只是表面的热闹，无法实现真正的学习效果。

为了更好地实现日语教学目标，应在活动与知识传授之间找到平衡。一方面，精心设计丰富多样的活动，让学生在活动中感受日语的魅力，提高语言运用能力。另一方面，不能忽视知识的系统性传授，确保学生建立扎实的语言基础。教师要引导学生在活动中思考、总结，促进知识的内化和迁移。教师还要关注学生的个体差异，根据学生的不同需求和水平调整教学活动和知识传授的方式，以实现更有效的日语教学。

（三）以提供学习经验为教学目标

泰勒将"学习经验"用于教学原则，旨在区分课堂内容与教科书及学习活动。他强调学习是学生的主动性行为，由学生自主决定，而非取决于课本内容或教师要求。在这种教学目标指引下，日语教学内容被视为一种学习体验，而非外部强加的因素。学生的实际领悟程度取决于其心理结构，认知结构和情绪特点在一定程度上决定了学习内容。泰勒对学生的重视有积极意义，但将课程内容与学习体验相结合，并从教学效果角度考虑学习经验选取标准，超出了传统教学范畴，涉及教学实践的多个方面，若日语教学仅为学生提供学习体验，实施难度较大。

从不同的课程或教学目标与教学内容的关系来看，在不同教学目的下，教师的教学内容有很大差别。日语课程的选择应进行辩证思考，综合考虑日语学科体系、学习活动和学习经历等各种因素，以实现预期教学目的。从学科体系角度，日语教学需建立系统的知识框架，包括语音、词汇、语法等基础内容，确保学生掌握扎实的语言知识。学习活动方面，应设计丰富多样的教学活动，如对话练习、小组讨论、角色扮演等，让学生在活动中运用语言知识，提高语言运用能力和交际能力。学习经历则注重学生的个体体验，关注学生在学习过程中的情感变化、认知发展和思维提升。教师在教学实践中要平衡学科体系、学习活动和学习经历的关系，不能过分强调某一方面而忽视其他方面。既要传授系统的知识，又要通过活动激发学生兴趣，并关注学生的学习体验，引导学生在学习中不断反思和成长。

三、日语教学内容选择的主体

　　课堂教学的时间往往是有限的，选择教学内容应结合众多方面加以考虑，精选一些必需的、有价值的内容。在 21 世纪前，我国日语教学内容选择过程中在面对一些必需的、有价值的内容时，主要是以国家制定的日语教学大纲为基准，其他学科同样如此。换而言之，国家权威部门重点掌控了整体教育系统中的资源与权力，并控制了学校的教学内容。

　　日语教学大纲是由教育部委托人民教育出版社的学科专家起草的，且组织了有关的高校专家、学者、日语教研员等人员共同进行研讨而决定的。一般而言，只有经过了实践认定的，且与国家教育方针相符合，适合基础教育阶段学习的教学内容，才能被纳入基础教育阶段的教学大纲。这是国家统一的课程体系，主要采取了自上而下的方式进行推广，从而构成集中式的课程发展传统。

　　20 世纪 80 年代后期，"单一"或"校本"的发展模式在世界多数国家逐渐失去主导地位。其原因在于这样的模式难以有效应对学校面临的诸多复杂问题，人们意识到国家、地方和学校共同承担教育职责的必要性。进入 21 世纪，我国基础教育课程改革坚定地遵循民主参与、科学决策的原则，大力推动高校、科研机构、中小学的专家学者以及中小学教师积极参与到基础教育课程教学改革当中。2001 年 5 月发布的《国务院关于基础教育改革与发展的决定》明确提出构建国家、地方、学校三级课程体系。地方和学校能够依据自身的特色，探索课程可持续发展的机制，组织相关专家学者与经验丰富的中小学教师投入到新一轮教学改革之中。国家课程从宏观层面保障了教育的基本质量与方向，为学生构建起全面的知识架构和核心素养培育体系。地方课程结合地域的独特性和文化传统，丰富了教学资源，有助于学生深入了解本土文化，增强文化认同感。

全国课程以综合培养未来的国民为主要目的，将国家的意愿集中体现了出来。将未来国民在受到教育以后的普遍素质作为基础，从而制订了我国中小学课程发展的整体性计划，明确了我国的课程类型与课程标准，立足宏观角度，针对中小学课程的实施展开了实践指导。国家课程是我们国家基础教育课程体系中至关重要的内容部分，更是提高国家基础教育质量的关键所在。

地方性课程主要指的是在执行全国课程的基础上，依据当地的政治、文化、经济等实际需求，由全国省级教育行政部门或者经批准的教育部门制定各级教学大纲。

校本课程则是建立在全国课程与地方性课程的基础上，主要结合学生的实际需求与本地学校的教学资源，制定与设计与本校特色相符合的校本课程。校本课程比较重视校外与学校的合作，能够将校本课程的校内与校外资源更好地发挥出来，这是全国教学大纲中比较关键的内容。

在实践教学的过程中实施三级管理，其中包括全国性、地方性与校本教育，这是将现代化课程变得更加民主化的主要标志，比较利于地方课程的发展，尤其是校本课程将会取得长足发展。基于民主化课程管理之下，学校能够拥有更大的自主权，而在日语教学方面，教师更加容易成为本学科课程的设计者与研究者，推动着日语课程与日语教学走向更加开放化、民主化的趋势。

四、日语教学内容选择的基本原则

宏观上，日语教学内容的选择以一定的原则为主，才可进一步确保所选教学内容的科学性与合理性，促进学生高效学习知识。日语教学内容选择有几个基本原则，如图 2-1 所示。

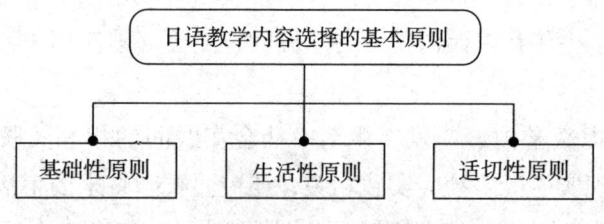

图 2-1　日语教学内容选择的基本原则

（一）基础性原则

我国基础教育阶段中的重点任务是引导学生把握人类文化遗产中的精华，锻炼学生的综合素养，使学生的综合能力能够取得有效发展，为学生将来步入社会奠定基础，使学生能够适应未来社会发展的实际需要。对此，实际的教学内容应具体包括能够使学生成长为一名社会合格公民所具备的基本技能和基础知识，并且需要对学生未来的可持续发展与学习能力进行全面培养。如今社会高速发展的背景下，信息量的增加速度不断加快，不可单纯依靠学生消化所有信息。当今复杂的社会中，教育工作者应重视对学生的学习能力与明辨是非的能力加以培养。

日语教学内容的选择中，同样应注重学科知识的基础性原则，准确把握日语教学知识内容的广度和深度，争取实现两者的平衡。着重强调日语课程内容的基础性原则，指的是一些能够经得起时间考验，且长久以来被评定为具有价值的日语知识，比如，五十音图、基本句式等均是学生学习好日语的基础，是学生应掌握的日语知识，学生只有全面掌握了日语教学知识的基本规则，才可以更好地理解并应用日语。

（二）生活性原则

长久以来，我国学校教育中的教学内容是将各门学科的基本技能与基础知识作为重点，原因在于各门学科内容均有着自身的特点与逻辑结构，难以和学生的现实生活或社会环境一一相对应。且结合事实来看，一些把实际生活或者社会作为主要部分的课程往往不利于学生系统地掌握科学文化理论知识。但是，教育工作者也应正确认识到，每一名学生都是社会生活中的一员，长期以来，一些完成基础教育的学生基本上是进入社会直接就业。可以看出，现如今的教学内容应使学生适当接触社会，帮助学生在学习理论知识的同时能够了解社会，掌握一些能够有效化解现实生活与社会问题的基础技能。日语教学内容同样如此，教师应在选择日语教学内容的时候尽可能切近学生的现实生活与社会需求，帮助学生将在校园内学习与掌握的技能更好地应用于社会中，发挥知识的效用。

人们在考虑教学内容与现实生活、社会实践间的相互关联时，除了应关注教学内容与现实生活、社会实践相关，还应注重和将来的生活与社会发展相关。虽然人们无法对未来的发展情况做出精准断定，但是学校课程教学应让学生对未来的各种选择与所造成的后果进行分析、察觉，让学生明白，未来是由自己决定的。对此，日语教学内容应利于社会未来的发展与人们实际生活的改善，帮助学生在现实生活中加以应用，同时使学生适应社会发展趋势，承担起建设与改造社会的重要责任。

（三）适切性原则

适切性指的是具体的教学内容应兼顾学生的个人兴趣、实际需求与能力，并与学生的综合情况相互契合、相互适应，有着适切性原则的教学内容易于为学生所同化，并演变成学生自身的一部分，能够有效促进学生自身的个性化发展。

日语教学为学生提供哪些内容，以及怎样指导学生，将会对学生的发展阶段、发展速度与发展方向造成直接性的影响，但这均属于外部的影响。学生受到外部影响而形成的自己内在的东西，也就是获得知识与经验，利于学生进一步掌握思维和行为的能力发展，使学生形成科学、正确的态度，而这些内在的因素又会反过来变成制约外部影响的条件。

因为日语教学主要是将学生的内部条件作为中介，从而充分发挥作用与影响的，所以所选择的日语教学内容能否产生比较理想化的效果，不单单由外部影响能否和学生自身的内部条件、不同学生的实际发展情况和心理特征相结合而决定，更是由哪些方式相结合、结合的程度如何而决定的。如果教师选择的教学内容能够与学生的实际发展状况和心理特征相符合，则更加有利于学生全身心投入日语学习中，并且不断活跃学生的思维，使学生能够积极参与日语语言实践活动，从而使日语教学取得良好成效。

五、日语教学内容选择需要处理的关系

在精心选择了日语教学内容后，应按照一定的顺序和方式进行组织，以使日语教学内容成为一个有机整体，从而更好地开展日语教学活动。日语教学内容选择需要处理的关系，如图2-2所示。

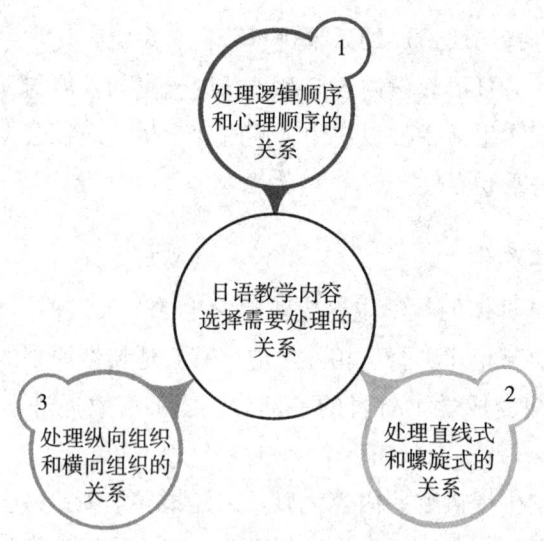

图 2-2　日语教学内容选择需要处理的关系

（一）处理逻辑顺序和心理顺序的关系

　　逻辑顺序重点指的是结合日语学科的系统性与逻辑顺序而组织教学内容，心理顺序重点指的是按照学生的身体与心理发展特点而组织教学内容，着重关注学生的经验、兴趣与需要等方面的重要性。从基础教育阶段的角度而言，更应将学生的成长与发展作为重中之重，把日语学科的逻辑顺序放在从属地位上。原因是如果过于片面强调学科的逻辑顺序，容易使学生的兴趣降低，学生难以将日语学科知识结构转变成为自身的认知结构。对此，日语教学内容的逻辑顺序和心理顺序相互统一、相互整合是尤为关键的，需要充分考虑日语学科的体系、日语语言的规律以及其内在的关联，并充分结合学生的认知发展特点，考虑学生学习日语的独特性组织适合学生思维方式的教学内容。

（二）处理直线式和螺旋式的关系

　　直线式指的是将基础教育阶段中特定的日语内容组织成一条前后逻辑相互联系的直线，且避免前后内容的重复，或者是呈现递进的关系。螺旋式指的是在不同学段中，日语教学内容的呈现形式是不断加深程度或者扩大范围。

　　因为如果出现内容上的重复，那么学生则容易产生厌倦的心理，只有在原有的基础上，不断为学生呈现新的内容，才能令学生体验到新鲜感，在实践学习中保持十分浓厚的兴趣与热情。并且日语学科的基本结构是教学内容的核心所在，教师应在教学的过程中围绕着日语学科的基本结构，在不同的年级中通过螺旋式上升或者逐渐加深的方式，促使学生持续学习知识内容，帮助学生获得更加深入的理解。

直线式和螺旋式呈现出了不同的特点，直线式可以将不必要的重复内容有效避免，而螺旋式则兼顾学生的认知特点，以加深学生对于教学内容的理解程度。在日语课程内容组织实践中，通常是在不同程度上将直线式与螺旋式结合起来。

（三）处理纵向组织和横向组织的关系

纵向组织指的是结合特定的原则，按照次序进行教学内容的编排，纵向组织方式也被称为"序列组织"。横向组织能够将学科界限突破，改变传统的知识体系，将某一个核心作为核心，来实现相关教学内容的组织。

纵向组织是比较传统化的，按照由易到难、由简到繁的序列安排教学内容。按照人们学习的复杂程度，可以将人类的学习进行分类，如图2-3所示。教师组织教学内容的时候，应先考虑使学生进行辨别，再学习概念，以此为基础，进一步掌握规则与原理，最后化解问题。

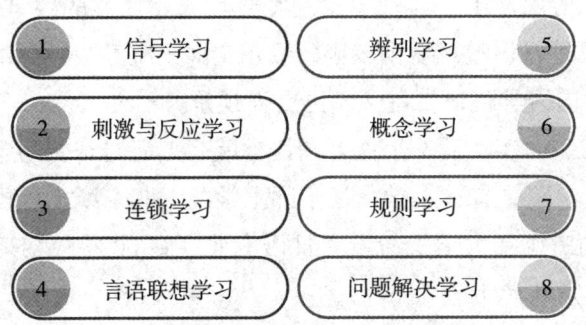

图2-3 人类学习的分类

20世纪70年代，学科综合化的整体趋势已经越来越显著，出现了教学内容的横向组织。横向组织强调组织教学内容的要素是"大概念""广义概念"等，从而将教学内容和学生的实践经验联系起来，促使学生更深入地研究社会与个人关心的问题。横向组织方式与纵向组织方式相比较来说，更加关注学生对知识的应用，而非关心知识的形式，学习心理学中有"随机通达学习"与"登山式学习"，这两种学习方式能够为横向组织教学内容提供学习论的基础。

第三节 日语专业课程不同发展阶段的建设情况

一、日语专业课程初始阶段的建设情况

（一）日语专业建设情况

1. 日语专业整体规模建设情况

20世纪50年代，我国设置日语专业的高校数量有限。北京大学、洛阳外国语学院、南京国际关系学院、北京对外贸易专科学校、北京外国语学院等高校虽开展了日语教学，但形式各异。其中，北京大学作为四年制本科院校，在日语专业教学方面具有重要地位。洛阳外国语学院和南京国际关系学院的日语专业规模较大，但并非每年招生。北京对外贸易专科学校在外贸专业中开设日语教学，成为我国最早培养商务日语人才的大学。北京外国语学院的日语教学归属于国际关系专业之下，体现了早期复合型人才培养的尝试。整个20世纪50年代，我国高等日语教育规模较小，真正全面系统教授日语的高校主要是北京大学和洛阳外国语学院，二者交流也更为频繁。

进入20世纪60年代后，上海外国语学院、上海对外贸易学院、国际关系学院、北京师范学院、吉林大学、辽宁师范学院、北京第二外国语学院、大连日语专科学校和黑龙江大学纷纷设立日语专业。到60年代初期，全国有日语专业课程的教学点共计14个。

2. 日语专业教学的实际情况

（1）北京大学日语专业教学情况。在全国范围内，北京大学日语专业教学是发展时间较长，且层次较高的日语专业。长期以来，北京大学日语专业作为国内水平较高的研究型大学中的一门学科型专业，在科研能力方面一直具有比较高的水平，并且比较注重强化日语专业学生的文学素养与语法功底，从而培育高水平的日语专业化人才。在培养日语专业人才方面，北京大学着重强调了学生日语应用水平的提高，且北京大学的建校时间比较早，人文环境比较浓厚，更有利于日语专业学生提高自身的综合素养。

从招生情况来看，北京大学日语专业的第一届学生并非通过选拔方式招录，而是由不同部门或地区向学校输送生源，学制为一年到三年，整体规模较小但培养目标具有针对性。随着国家对经济建设的重视，北京大学日语专业从1951年开始派遣教师到全国各地高中选拔学生，并加上委托培养人员，学生数量快速增加。1952年，高等学校院系调整后，东方语高等教育工作纳入了北京大学，其他高校东方语教师也调入，使北京大学东方语系规模扩大，此时拥有四年制本科招生资格的高校只有北京大学。

北京大学日语专业的招生方式独特，在国家重视外交人才的背景下，学生来源包括委托培养人员、干部调动人员及地方推荐的工农兵学员等，且需经过严格筛选、面试和政治审查。自主招生的学生主要来自高考毕业生，同样要经过多方面考量。北京大学日语专业实行每年招生，而其他高校受人才需求和办学能力影响，通常在一届学生培养完成后才进行下一届招生。北京大学日语专业学生多为高中毕业生或青年知识分子，班级规模根据实际人数划分，这一模式延续至今。北京大学建立日语专业时只有两名教师，其中陈信德在日本京都帝国大学学习过，虽原有专业并非日语语言学，但经过努力实践，编著了多部深受欢迎的教材，如《现代日本语实用语法》《新编科技日语自修读本》《译注科技日语自修文选》等，这些教材具有创始性意义，在我国高等日语教育中发挥了重要作用。今西春秋也是高等日语教育的重要人物，被遣送回日本后，陆续有其他教师调入北京大学日语教研室，增强了师资力量。20世纪60年代，北京大学培养的日语专业毕业生留校任教，还有日本外教加入教师队伍，为学生开设课程。

北京大学日语专业一二年级主要课程为基础课，在陈信德编写的教材出版前，使用未出版的讲义《日语初介》。二年级增加口语课程，三、四年级增加泛读课、文学课、翻译课等。1957年，日语课程分为语言课程和文学课程，分别由不同教师教授。当时日语教学主要依靠教师经验判断，基础课教师教学任务繁重，除完成本校教学任务外，还需参与翻译及交流指导工作。1955—1958年，北京大学日语专业学制改为五年，以满足学生掌握两门外语从事外交工作的需求，学生还需学习公共课程和日本历史课程，可利用学校丰富的学科资源学习其他课程。北京大学日语专业设立教研室，每周进行教学会议，外派进修教师和日本外教也参与其中。五四科学讨论会为教师和学生提供了交流平台，学生可总结语言规律并提出看法。当时学校对学生毕业要求简单，只要完成日语相关课程学习即可，无专业实习要求。20世纪50年代后期，北京大学日语专业开始科学研究，研究成果主要体现在教材和参考工具书上，教师评价主要依据课堂教学表现和教材编写成果，对论文无要求。20世纪60年代初期，以语言为教学中心的理念成为外语教育指导理念，北京大学编写的教材体现了这一思想，重视学生接触日语原版文章。泛读教材选择日本无产阶级作家的作品，引导学生进行阅读训练，教师自己刻字或交由打字员处理相关内容，但未出版成书。

（2）洛阳外国语学院日语专业教学情况。军委工程学校（洛阳外国语学院前身）在张家口建立，其日语专业规模较大，有日本外教和众多有日本留学经历的中国教师，如徐祖正、王恒容等，这些教师在日语语言教学及日本文化、文学方面水平高、经验丰富。该校日语教学学制为两年，学生多来自东北地区，大多数学生有较好的日语基础。学校将学生分为普通班和高级班，实行淘汰制，每月组织考试并重新分班，最终只有五分之一的学员能顺利毕业，这种淘汰制度是当时高等日语教育的特色。洛阳外国语学院在日语专业的课程设置上，与北京大学日语专业类似，有精读、口语、翻译、文化和日本历史概况等课程，教材多为教员自编讲义，在学校内部使用。虽学制仅两年，但教学训练正规，教学方法与北京大学基本一致，为语法翻译法并融入口语训练。由于学员有一定基础，在强化训练下日语水平提升较快，教材课文内容广泛，涉及日本政治、经济、文学等方面。

第一届学生毕业后，学校迁至北京并改名军委技术干部学校，师资和教材都有变化。教材通过借鉴日本报纸、文学作品等内容更加丰富多样，同时教师还根据教学经验编写教材，课程设置包括精读、泛读、翻译和公共课程。

在教师科研方面，王日和编写了《现代日语实用口语法》，初期作为内部教材，后由商务印书馆出版，初版印数达58000册。陈书玉编写了《日语惯用型》，作为教学工具书，1980年由商务印书馆出版，1981年累计印数达121000册。洛阳外国语学院还组建教材编写组，制定措施提升教师能力，如组织学习教育理论、讨论教学经验等，部分教师优化教学内容和目标，组织学生练习，提升教学质量。学生考核借鉴苏联5分制，强调实际应用能力。且洛阳外国语学院与北京大学交流频繁，两校距离近，方便交流，洛外常派青年教师去北大进修，北大也派教师到洛外听课交流，在全国日语教学点少、高校经验不足的情况下，这种交流意义重大。

1951年洛外建立后，招收的学生与张家口时期不同，多为无日语基础的学生。搬至北京后，日语专业改为四年制，1955年第一届学生毕业，之后招收第二届。第二届学生第三学年，洛外与军委外国语学院合并为中国人民解放军外国语专科学校，两校合并使日语专业教师数量增加，在教学能力和科研方面都有提升，成为高等日语教育的强校。1960年迁往张家口并更名，之后开始每年招生，设日语系，学制三到四年。1966年，在教学规模上与大连日语专科学校同为突出教学点。1964年部分迁至南京建立南京国际关系学院，日语专业被拆分，部分教师进入南京国际关系学院，部分组建中国人民解放军技术工程学校。之后学校又迁往洛阳并多次更名。

在洛外十余年的发展中，学生和教师数量多，班级多。与北京大学相比，洛外有更严格的教师备课制度，使其成为高等日语教育的佼佼者。毕业的青年教师初期作为助教，负责辅导学生和批改作业，练习备课并接受指导。各班级教师有任务安排，多次完成后讨论确定最终结果并统一下发。由于班级多，通过集体备课把控教学进度，涉及课堂重点讲述、提问、启发学生等细节，能带动青年教师发展。

（3）北京对外贸易专科学校日语专业教学情况。1953年，北京对外贸易专科学校设立了日语专业，但是并非独立的日语专业，而是属于外贸系，学生主要是在学习对外贸易课程的前提下进行日语学习。

20世纪50年代，该校是我国少数设立了日语专业教学的高等院校之一。北京对外贸易专科学校由我国对外贸易部直接领导，当时，中日两国间的贸易取得了快速发展，我们国家需要大量的相关人才，在此社会形势下，为了充分适应中日两国民间贸易的快速发展，高校作为人才培养的重要基地，十分有必要培养自己的外贸日语人才，这也正是北京对外贸易专科学校设立对外贸易日语翻译专业的原因所在。

北京对外贸易专科学校在设立对外贸易日语翻译专业后，开启了专业人才培养之路。当年招收10名学生，总学制为5年。学校制订了系统的教学计划，第一、二学年开设日语专业公共类课程，总学时达596学时；第二至第四学年主要为贸易类专业课程，总学时1188学时。全学年还开设了其他外语课程，主要集中在第一、二学年。当时外语课程在不同学年的学时安排各有特点，第

一、二学年每周 12 学时，第三至第五学年每周 6～8 学时。[①]教师陈涛在日语教学方面发挥了重要作用，他自 1951 年起在该校任教，彼时学校还未更名为北京对外贸易专科学校，名为高级商业干部学校。陈涛凭借丰富的教学经验和研究工作经验，提升了学校日语专业教学质量。1959 年，商务印书馆出版了由陈涛主编的《日汉词典》，这是我国第一部日语词典。该词典总字数达 353 万字，共 2600 页，规模宏大。每个日语单词的意思都附有至少一个例句和中文翻译，以展示其使用方法，还注明了同义词和反义词。这部词典在当时达到了相当高的水平，具有重要的开创性和引导性，直到 20 世纪 70 年代末期仍对我国日语教育工作者有着重要作用。

除陈涛外，汪大捷于 1957 年调入该校。他毕业于日本东京高等师范学校，在民国时期就编写了《日语翻译着眼点》等著作。进入北京对外贸易学院后，他与夫人合作编写了《日语汉字词辨异手册》。该书旨在帮助学生避免日语汉语翻译错误，收录了一个汉字或词有两种以上不同读音和意义的近 1700 个词条，对每个单词用法进行详细描述，并设置参考说明更多使用方法，还以汉字笔画顺序为基础加入了详细的日文读音索引。该书初版印数达 20060 册，是当时日语教育中常用的学习参考书之一。汪大捷还编写了《日语学习文选》，于 1965 年由商务印书馆出版。毕业于奈良女子大学的张京先也在该校任职，后调入北京大学。20 世纪 60 年代中期，陆续有新教师加入，强大的师资力量提升了北京对外贸易学院的日语教学质量，促进了日语专业的发展。该校外贸专业在这一时期开设日语课程，开创了我国商务日语人才培养的先河。

（4）北京外国语学院日语专业教学情况。1956 年，甘莹被调入外交学院，负责日语专业建设，同年从北京大学毕业的李书成也被分配到外交学院任教。在他们的带领下，外交学院创办了国际关系日语专业并开始招收学生，当年招收 10 名，学制 5 年。1960 年招收第二届学生 10 人，1961 年未招生。此时该专业已有 5 名日语教师，形成了初步的规模，后又有其他教师加入。

1962 年，在全国高校专业调整背景下，外交学院日语专业划入北京外国语学院亚非语系，同年北外成立日语教研室，甘莹担任第一届教研室主任。1963 年，北外招收第一届日语语言文学班，1963—1965 年保持年年招生。在外交学

[①] 汤伊心.天涯论丛 中国日语教育发展与日语教学创新[M].广州：中山大学出版社，2023：20.

院日语专业划入北外之前，相关日语课程只有精读课程，阅读内容主要是《人民中国》中日文对照形式，以帮助学生对比学习。进入60年代后，精读课程阅读部分加入其他报纸文章且主要为日文版。由于当时中日未建交，只能使用以往日语出版物作为教材，且受政治环境影响，阅读内容以政治方面为主，帮助学生了解日本政治情况。

外交学院日语专业并入北外后，新开设公共日语课程并加入历史、语言等内容，还将日语课程细分为精读、泛读和口语三种类型，均以日语语法为中心进行教学。经过三年发展，北外日语专业趋向英语专业课程教学模式，尝试使用新教学方法，要求教师全程用日语教学，采用直接教学法。

（5）北京第二外国语学院日语专业教学情况。北京第二外国语学院于1964年建立，随后开展了招生工作，当年一共招收日语专业学生40名，分成了2个班级，每个班级20人。1956年，北京第二外国语学院招收了60名学生，分成了3个班级，每个班级中有20人。该校共有12名教师，还包括四名日籍外教。1964年8月卢友络、1966年1月苏琦先后加入该校从事日语教学工作。这样的师资构成在当时为学校的日语专业发展注入了多元力量，既带来不同的教学视角和经验，也为学生提供了更丰富的学习资源和文化体验。

与其他高校日语专业相比较而言，北京第二外国语学院在招生过程中对学生提出了更高的政治方面的要求。当时，该校所招收的学生主要是贫下中农出身的学生，大多数学生的年龄是18岁左右。在日语专业发展的初期，该校日语教师在教学的过程中，所使用的教材基本上都是教师的自编讲义。并且为了符合当时教育部门提出的要求，北京第二外国语学院日语专业基于原有的基础上，不断增加了日语沟通表达方面的内容比重，在此方面给予高度重视，开始尝试了多种多样的教学方式。日语教师在实际的教学中，主要由日语的发音开始引导学生进行学习，比较注重发音的准确性。站在宏观角度上来看，这一时期的北京第二外国语学院日语专业教学主要采用了纯口语化的教学模式，意在不断推动学生日语交际与沟通表达的能力提高。在此之后的发展中，该校才渐渐加入了日语阅读内容的教学。

（6）上海外国语学院和上海对外贸易学院日语专业教学情况。20世纪60年代，上海的高等日语教育在上海外国语学院和上海对外贸易学院的推动下呈现出独特的发展态势。1960年，上海外国语学院日语专业开始招收本科生，当年招收16名学生，学制4年。上海外国语学院在日语翻译课程中主要采用在北京大学日语专业教材《日语》的基础上进行一定修改和增加后的教材。到1965年，上海外国语学院日语专业学生数量达到60人，教师数量为20人。同年，上海对外贸易学院也设立了日语专业，学制同样为四年。1960年招收第一批学生，一个班级。这批学生平均年龄为27岁，入学前基本未学过任何外语。两年后，上海对外贸易学院并入上海外国语学院。该校在日语教材方面，与上海外国语学院一致，使用经增加和修改后的教材《日语》，教学方法以语法为中心。四年级时开始使用《日语经贸文选》等内部教材。1964年，随着我国经济发展，上海对外贸易学院从上海外国语学院分离。1965年，上海对外贸易学院招收第三批日语专业学生，使用本校教师编写的内部教材。1966—1972年，上海贸易学院教学中断，直到1972年再次并入上海外国语学院。

上海外国语学院在日语专业发展中，注重教材的选用和改编，以适应教学需求。从初期采用北京大学日语专业教材并进行修改，到拥有一定规模的学生和教师队伍，体现了其在日语教学方面的不断探索和努力。而上海对外贸易学院的日语专业虽然在发展过程中历经波折，但其在特定时期为培养日语人才也做出了贡献。尤其是在教材的选择和使用上，既借鉴了其他高校的优秀教材，又积极开发内部教材，以满足不同阶段的教学需求。在此时期，两所学校的日语专业发展受到国内政治、经济形势的影响较大。招生情况、教材选用以及教学活动的开展都随着形势的变化而不断调整。然而，尽管面临诸多困难，学校和教师们仍在努力维持日语教学，为培养日语人才付出了艰辛努力。

（7）吉林大学、黑龙江大学、辽宁师范学院日语专业教学情况。吉林大学在1963年开始建设日语专业，在建设的过程中融入自身原有的公共日语课程，最终设立了日语专业。该校在设立了日语专业之后，同年招收了第一批日语专业本科生共25名，分成了2个班级，5年学制。吉林大学在之后的两年连续按照此规模进行招生，主要方式是自主招生，所招收的学生基本上都是零起点的。那时，吉林大学的日语教师有10名左右，且大多数的教师曾经有过在日本留学的经历。当时吉林大学日语专业的课程有四种类型，分别是阅读、翻译、会话与精读。而从教材方面来看，因为受到多种因素的影响，其日语专业所使用的教材基本上是教师自编的各种讲义。

黑龙江大学于1964年设立了日语专业，1974年，刘介人进入了黑龙江大学日语专业任教。1963年，辽宁师范学院设立了日语专业，同时招收了第一届本科生。

（8）大连日语专科学校日语专业教学情况。1964年，辽宁省教育厅响应周恩来总理建议召开建设日语专科学校会议。会后，从辽宁省内选调75名教师进入大连日语专科学校。同年，该校招收525名学生，包括来自辽宁、吉林、黑龙江三省的学生，且男女比例有一定差异。学校日语专业学制为三年，创立初期还聘请了3名日籍教师任教。到1965年10月，报到的日籍教师数量达30余人。截至1966年底，大连日语专科学校成为全国日籍教师数量最多的日语教学点。大连日语专科学校从筹建到招生开学仅用140余天，期间克服了诸多困难，最终建成一所大规模的专科日语教育学校，这一发展历程体现了当时对日语教育的重视以及为培养日语人才所做出的努力。大连日语专科学校在师资队伍建设方面积极引进国内外教师资源，为学生提供了较为丰富的教学资源，其快速的建设速度和大规模的招生也反映出当时对日语人才的迫切需求。

（二）日语课程建设情况

在全国日语教育总体规模尚未形成、英语和俄语为公共教育主要内容的时期，东北地区形成了全国最大规模的公共日语教学，为当地高校日语专业设立奠定良好基础。该时期，众多高校设立公共日语教研室。比如，华南农业大学、苏州蚕桑专科学校于1949年设立；吉林大学在1953年设立；江西师范学院在1957年设立等。可见公共日语教学在全国发展迅速，规模远超专业日语教学。

公共日语课程除使用北京大学的两本教材外，其他多为各大高校自编教材。以江西师范学院为例，其为中文系和历史系学生开设的公共日语课程教学计划详细，课程教学时间为17周，基本每周3个课时，教学目标是两个学期内教完日语文法，使学生能阅读普通日语书籍。当时针对文科学生的公共日语课程参照专业日语语法教学模式，对重要语法点进行改造，教学难度大、进度快，与重视教授学生日语科技文献阅读能力的理工科公共日语课程有较大区别，体现了以语法为纲的教学理念。从教学点分布看，东北地区较多，原因在于该地区高校师资力量强、学习日语人数多，促使高校设立公共日语课程。高校教师不仅负责教学，还承担研究遗留图书资料的工作。

这一时期科技日语发展迅速，如农业、医学等领域，主要原因是专业日语教学能帮助学生获得日语知识，同时学生希望通过资料获取新知识，加上日本经济快速发展后对西方资料的翻译能为我国科学研究提供帮助。各大高校重视公共日语教学的实用性，促使科技日语诞生并迅速发展。科技日语学习内容无政治色彩，符合我国建设需要。这一时期我国日语教育以科技日语为主，以理工科学生为主要教育对象，强调学以致用，符合社会需求。各大高校重视公共日语教学的实用性并进行实践，取得一定效果。科技日语读本具有科普性强、包含翻译知识和技巧、具有工具书性质、连贯性强等特点。此外，北京大学在1959年出版的《大学一年级日语课本》是我国第一部公开出版的公共日语教材，1964年又编写了《日语》教材。除公共日语课程外，各大高校的第二外语教学也开始发展。1961年我国颁布的《关于高等学校外语课程设置问题的意见》明确了第二外语教学的定位和重要性，1964年的《外语教育7年规划纲要》促进了日语作为第二外语的教学发展。

二、日语专业课程迅速发展阶段的建设情况

（一）日语专业建设情况

1. 日语专业建设的整体规模情况

随着学位制度在高校实行以及出国留学热兴起，我国高校日语教育逐渐规范化。日语教师赴日进修更加频繁，提升了综合素质，促进了新课程开设。且高校学生短期赴日留学派遣制度更加完善，我国高等日语教育打破封闭状态，迈向更好发展。在这一良好形势下，日语本科专业教学点数量迅速增加。1976—1985年，众多高校新增日语专业。如1977年南京大学与山西大学开设日语专业；1978年中山大学、福建师范大学开设日语专业等。部分高校在原有公共日语教研室基础上设立日语专业。截至1984年底，全国设立日语专业的院校达44所，涵盖综合型大学、涉外型院校、师范类院校和理工类院校等不同类型。1979年全国现职外语人员普查结果显示，日语干部人数仅次于英语和俄语干部，处于第三位。20世纪80年代，日语成为我国外语学习第二大语言。1983年全国高校日语专业在校人数约3600人，其中高等师范院校日语专业学生约600人。当年日语专业教师近900人，且有大量毕业生留校任职。

具体来看，外语院校中有10所开设日语专业，如北京外国语学院、四川外语学院等；专业倾向的外语院校中有5所开设日语专业，如国际关系学院、北京语言学院等；综合型大学中有19所开设日语专业，如北京大学、复旦大

学等；高等师范院校中有7所开设日语专业，如北京师范大学、华东师范大学等；理工科大学及其他大学中有3所开设日语专业，如天津理工学院、北京冶金机电学院等。① 这一时期我国高等日语教育的发展，体现了多方面的积极变化，不同类型院校的加入丰富了日语教育的层次和范围。综合性大学凭借其学科综合优势，为学生提供了更广阔的学习视野和跨学科交流机会。涉外型院校和专业倾向的外语院校则在培养具有特定专业方向的日语人才方面发挥了重要作用。师范类院校为日语教育培养了专业的师资力量，推动了日语教育在基础教育领域的发展。理工科大学及其他大学开设日语专业，满足了特定领域对日语人才的需求。学位制度的实行促使高校更加注重教学质量和学术研究，提升了日语专业的教育水平。教师赴日进修带来了先进的教学理念和方法，丰富了教学内容。学生短期赴日留学派遣制度为学生提供了亲身感受日本语言文化的机会，提高了语言运用能力和跨文化交际能力。

2. 日语专业教学点的实际情况

在20世纪80年代，我国日语专业教学呈现出蓬勃发展的态势。比如，北京大学、吉林大学等，以精英化教育为主，每年招收1～2个班级，每班约25人。北京大学日语专业招生规模在不同年份有所波动，吉林大学也类似。两校在招生上以零起点学生为主，重视语法和翻译教学。大部分综合性大学日语教师人数长期保持在10名左右。长春地区因历史原因日语教育发展较好，吉林大学为国家输送大量日语人才。北京大学日语专业也是重要培养基地，其毕业生多进入政府外事部门。

外语类院校办学规模较大，以上海外国语学院为例，不同年份日语语言文学专业和国际贸易日语专业招生人数有波动。北京外国语学院日语专业在这一时期也培养了不少学生，但整体规模与上海外国语学院相比较小。北京外国语学院招收有一定日语基础的学生，设立高起点班级，实现高等教育与中学日语教育衔接。高起点班级在课程设置上有其特点，精读课程课时和学时比零起点班级少一半，增加会话课程课时和学分，还需学习更多速读和语法课程。高年级学生学习多种课程。上海外国语学院设立国际贸易日语专业，学制四年，后加入经济学科，前期招收有良好日语基础的学生，后逐渐招收零起点学生，这

---

① 汤伊心. 天涯论丛 中国日语教育发展与日语教学创新 [M]. 广州：中山大学出版社，2023：40.

是培养复合型人才的尝试。天津理工学院作为非外语类院校，在日语专业设立前提出与科技相结合，是高等日语教育的创新。如今，天津理工大学仍保持日语科技特色，设置公共课程和专业课程。西安交通大学借鉴其经验，创立科技日语专业，只招收理科毕业生，授予文学学士学位。其他高校也开设科技日语专业，多以公共日语为基础创立。西安交通大学招收科技日语专业学生后，加入理工课程提升专业能力，邀请科技专家授课提高学生专业水平。

上海外国语学院1980—1981年的第二套专业教材在内容和体系上进行了优化，虽有少量政治性色彩，但更重视教授地道日语，选用大量原文。该教材前两册以听力和语言表达为主，后两册增加读写内容比重，重视培养学生语言表达能力，采用情景教学法，减少翻译过程，引导学生模仿练习。后两册增加词汇分析和表达方式等内容，培养学生用词能力，并加入写作和阅读部分。这套教材是20世纪80年代全国高等日语教育精品教材中最受欢迎的之一，发行量巨大，在后来随着新教材的出现逐渐被部分取代。上海外国语学院编写的高年级精读教材也被很多高校使用，北京第二外国语学院保持重视听说教学的特点，苏琦编写的《日语口译教程》以讲义为基础，加入实例教授口译技能，附上不同场合的语法和单词。四川外语学院在这一时期也有发展，招收学生并成立日本文化研究室。

师范类院校的日语专业课程既包括日语语言课程，也有师范类课程。东北师范大学以日语为外语课程，主要招收有良好日语基础的学生，后开始招收零起点学生。一、二年级主要学习精读、会话、听力等课程，使用东京外国语大学教材，教学方法从语法翻译法转变为直接法。高年级学生开设多种课程，泛读课程教材难度较高，大部分为教师自编讲义或日文原版书籍，语法课程主要使用原版语法书籍。东北师范大学设立中国赴日留学生预备学校，日本派遣教师，东北师范大学也派遣教师联合授课，为全国输出了一批优秀日语教师，带来新的教学理念和方法。东北师范大学还对预备学校教材进行改编并出版，结合我国学生特点增加新内容，且东北师范大学日语专业组织教师编写日语教学方法书籍，如王武军编写的《日语教学法》，对日语教学各环节方法进行探索，总结外语教学理论，为日语教学研究做出贡献。

（二）日语课程建设情况

20世纪80年代，我国的日语课程建设呈现出多方面的发展态势。专业日语教育快速发展的同时，公共日语教育也十分迅速。改革开放后，教育部审定了《日语教材编写大纲》，为日语教材编写提供了首个依据。此后，各大出版社纷纷出版不同的日语教材。

人民教育出版社出版了湖南大学编写的《（高等学校试用教材）日语》，共四册，每册15课，以科技日语为主，初版印刷数量达20万册，使用范围广泛。1979年，高等教育出版社出版了华南理工学院与其他四学院联合编写的《（高等学校教材）日语（第二外语用）》，适合零基础学生，是为以日语为第二外语的学生编写的教材。西南交通大学外语教研室编写的《日语》也在1979年出版，涵盖化学化工类、机械动力类、冶金类、土建水利类和电工电子类五个方面内容。1983—1986年，高等教育出版社出版了大连理工学院编写的《日语教程》系列教材，共五册，依据1980年《高等学校理工科四年制日语教学大纲（草案）》编写，旨在提升理工科学生日语阅读能力，且该时期各大出版社还出版了各种教师参考工具书。

全国各大高校围绕科技日语在公共日语教育方面编写了大量教材、专著及相关读物，理工科方面的日语教材丰富多样，如汪大捷编写的《科技日语》、白求恩医科大学编写的《医用日语基础》《医用日语阅读教材》、黄崇本编写的《怎样阅读医学科技日语》等。1990年，《中日交流标准日本语》编写完成，成为很多高校公共日语课程的使用教材。该教材2005年修订，截至2008年累计印刷数量超700万册，是发行数量最多、使用范围最广的日语教材。该教材虽在内容、体系等方面与国内一些教材有差异且在某些方面稍显落后，但在口语训练方面有优势，覆盖范围更广。1990—1993年，其在高校公共日语课程的使用范围从14%上升到70%，1988—1994年发行量达96万册，反映出我国高等日语教育面对社会日语学习规模快速扩大时开发能力不足的问题，以及社会对交际会话日语的极大需求。根据王宏1990年的调查结果，当时全国344所开设日语公共课程的高校使用的教材有上海外国语学院编写的《日语》、东京外国语大学编写的《日本语》、湖南大学编写的理工科教材《日语》、北京大学编写的《基础日语》等。

三、日语专业课程跨越式发展阶段的建设情况

（一）日语专业建设情况

1. 日语专业建设的整体规模情况

自 20 世纪 90 年代末，伴随着我国高校的扩招，许多高校开设了日语专业，进一步改善了日语专业的办学条件，有关的图书资料与多媒体资源等不断多样化、丰富化，大大增加了选修课程，且日语专业的教师队伍结构也变得更加科学、合理。随着 21 世纪的到来，市场需求不断产生变化，越来越多的与专业相融合的日语人才培养模式出现，其中有科技日语、旅游日语、经贸日语等，均是以日语语言文学为基础而拓展的，使日语专业变成了高校新增的热门专业。此外，日语教师的待遇有所提高，高校引入了更多的优秀日语人才，在整体上推动了高校日语教师队伍的壮大。

2. 日语专业教学点的实际情况

我国日语专业教学点在进入 21 世纪后呈现出了积极发展的态势，一些拥有较长办学历史的教学点纷纷推出高质量的精读教材，北京外国语学院的朱春跃等人编写了《基础日语教程》，大连外国语大学的蔡全胜等人编写了《新大学日本语》，洛阳外国语学院的胡振平等人编写了《现代日本语》，同济大学的吴侃主编了《高级日语》，北京大学彭广路主编的《综合日语》，上海外国语大学谭晶华主编的《日语综合教程》，吉林大学宿久高主编的《日语精读》等教材相继出版。这些教材极大地丰富了我国高等日语教育的教材资源，体现了教育者们的辛勤付出和智慧结晶。随着普通高等教育国家级规划教材建设的深入，更多供日语专业或公共日语使用的教材不断涌现，有力地提升了我国高等日语教育的教学水平。

不仅如此，许多高校在语言文学专业的基础上，增加了各个方向的复合型专业。上海外国语大学增加了日语（副修英语）方向，北京第二外国语学院增加了日语同声传译方向、日语商贸与跨文化交际方向，西安外国语大学新增了旅游日语、国际贸易日语等方向。此举措适应了时代发展的需求，为培养多元化的日语人才提供了更多途径。且日语专业教师的科研意识和能力也有所增强，出版的专著和发表的论文数量不断增长，部分日语教材还被列入国家教材规划。一些教师还承担了国家基金项目或省部级合作项目，为推动日语教育

的学术研究和学科发展做出了贡献。在全球化的时代背景下,国内高校与境外高校或教学机构的合作日益紧密,众多高校开展了合作办学、境外教学实践项目。日语专业学生的境外教学实践通常从第七或第八学期开始,在境外完成毕业论文答辩和毕业典礼,从而为毕业生提供了更多的发展选择,既可以留日考研、就业,也可以回国考研、就业。境外教学实践项目为学生搭建了个人发展的平台,实现了个人本位的教育目的,并满足了多元化社会对多元化人才的需求。

(二)日语课程建设情况

1998年,高校公共外语课程师生比为1∶50,到2001年迅速增长至1∶130。在日语课程方面,截至2021年底,全国已有上千所院校开设日语课程,学习日语的学生总数达60余万人,其中大部分是公共日语和第二外语日语学习者。2018年,全国设置日语专业的高校有300余所,其他高校也设置了公共日语或第二外语日语,许多有日语专业的高校还安排了非专业日语教学。[①]为提升就业竞争力,不少高校要求学生在专业课程外选修一门小语种,使得公共日语教育成为高等日语教育的重要组成部分,数量庞大且覆盖面广。然而,大量学生选择公共日语课程的同时,教师人数却严重不足,难以满足学习需求。

2001年,外语教学与研究出版社出版了清华大学外语系编写的《新世纪日本语教程》,面向零起点的第二外语为日语的学生。2002年高等教育出版社的《日本语初级综合教程》也为此类学生编写。2002—2003年,外语教学与研究出版社出版的《新大学日语》《新世纪大学日语》,为第一外语日语学生编写,重视语言运用,选材和插图具时代感,被多数开设公共日语课程的院校采用。2005年新课程教学要求出台后,又有一系列面向零起点和第二外语为日语学生的教材出现,如2006—2008年高等教育出版社出版的《新大学日语标准教程》等。其中《新大学日语标准教程》成为普通高等教育"十一五"国家级规划教材,在公共日语和第二外语日语课程中发挥重要作用。第二外语快速发展,课程设置呈多样化趋势,部分学校的第二外语日语课程规模和教学深度不断提升。2008年实行的第一外语和第二外语分开的教学模式制约了高等日语教育发展,大学日语四级考试实施十几年却未设其他级别考试,无法满足学生

---

① 汤伊心.天涯论丛 中国日语教育发展与日语教学创新[M].广州:中山大学出版社,2023:69.

多样化需求。于是当年颁布《大学日语课程教学要求》，整合第一外语和第二外语教学，统一安排教学，将培养学生综合能力、交际能力及提倡自主学习置于重要位置，改变了大学日语四级考试仅面向以日语为第一外语学生的情况。2009年教育部对四级考试进行改革，分为四级和六级考试，规定不同学时对应不同水平，并强调侧重考查学生日语综合运用能力。

2010年《国家中长期教育改革和发展规划纲要（2010—2020）》提出"全面提高高等教育质量、提高人才培养质量"战略，这一战略为高等教育各专业领域的发展指明了方向。对于日语专业而言，其发展和改革也在这一宏观背景下有序推进。2013年10月，教育部新一届外国语言文学类专业教学指导委员会日语分委员会成立，承担起筹备制定日语专业本科教学质量国家标准这一重要使命。这标志着日语专业发展迈向规范化、标准化的新阶段。该委员会的成立旨在从国家层面确保日语专业教学质量，使日语专业人才培养能够契合国家发展需求。2015年5月在天津召开的"中国大学日语专业国家标准制定国际研讨会"意义重大，此次研讨会围绕日语专业国家质量标准的制定和专业教学改革展开深入讨论。其中，强调在今后日语教育中培养能在世界舞台施展才能且具备跨文化交际能力人才的重要性，此观点凸显了日语专业教育目标的新内涵。在全球化日益加深的时代，跨文化交际能力成为日语专业人才必备素养。日语专业学生不仅要掌握扎实的语言知识，更要能够在国际交流场景中自如运用，理解并尊重不同文化背景，实现有效的沟通与协作。与此同时，各高校积极响应国家战略和专业标准制定的趋势，纷纷采取行动，调整了学分结构，使课程体系更加科学合理，避免出现知识结构失衡的问题。课程设置改革则注重优化课程内容，增加与跨文化交际、国际视野相关的课程比重。

近年来，思政进课堂推动了课程思政建设的显著发展，尤其在日语课程领域展现出独特成果。"理解当代中国"系列教材的问世，为日语教学提供了丰富且具时代意义的内容，将中国故事与日语知识有机融合。同时，全国大学生外语能力大赛的开设，搭建了实践平台，促使学生在语言运用中展现中国风采。这些举措是日语课程建设的鲜明特色，深刻契合习近平总书记提出的"讲好中国故事，传播好中国声音"要求。这既有利于培养具有国际视野和家国情怀的日语专业人才，更使日语教育超越了单纯的语言传授，成为对外文化传播和思想交流的重要途径，在提升学生语言能力的同时，增强其文化自信与民族自豪感。

第三章　外语教学理论在日语教学中的实际应用

　　本章深入探讨了外语教学理论在日语教学中的实际应用。认知语言学理论为日语的词汇、语法教学带来新视角，帮助学生更好地理解语言的本质和规律。认知负荷理论指导教师合理安排教学内容和方法，减轻学生的学习负担。建构主义理论强调学生的主动建构，激发学生在日语学习中的积极性和创造性。语用学理论提升学生的语言运用能力和交际水平。元认知理论则促使学生学会自我监控和调节学习过程。

第 一 节
认知语言学理论在日语教学中的实际应用

一、认知语言学理论的解读

20世纪70年代末与80年代，许多语言学家在思想层次上做出了转变，立足于认知视角上分析、研究了语言现象，由此，认知语言学流派逐渐形成。20世纪70年代末，在美国西部地区兴起了认知语言学，并在后续得到了迅猛的发展。目前，认知语言学是一门语言研究学科，在当今时代是比较新颖的。[1]

就目前来看，尚未对认知语言学形成完整的、系统学科，所以未能形成科学、完整的定义。国内外的专家和学者对认知语言学产生了不同的理解，站在不同的角度上分析了认知语言学，并对认知语言学做出了解释，但未能达成共识。

（一）认知语言学理论的哲学基础分析

认知语言学的诞生与发展有着深厚的哲学根基，在语言哲学观的范畴中，不同的观点直接催生出各异的语言学流派。从宏观角度审视，认知语言学的产生与发展与其独特的哲学基础之间是密切关联的，其中，语言与客观世界的关系探讨是语言哲学的重点问题。深入剖析、探究西方哲学史，可以明确的是其中主要存在着客观主义和主观主义这两类哲学观点。在语言研究领域，客观主义的影响力显著，而主观主义的作用相对较弱。主观主义构建起主客体对立的二元论，在这种观点下，主体与客体相互分离且对立。客观主义则秉持主观与客观的绝对分离，认定人类对世界的认知是纯粹的客观现实，是对现实世界的直接复刻。

客观主义在认知范畴中极为重视人的理性所具备的超验特性，突出其脱离人体特征以及身体活动而独立存在的特点。在此观念的引领下，语言被视作一类抽象的符号，并且这些符号与客观事物的特征之间有着直接的对应关联，被认为能够切实地映照世界。以客观主义哲学观为基础，诞生了两大重要的语言

---

[1] 张颖.现代日语教学的理论与方法研究[M].长春：吉林人民出版社，2024：29.

学流派，即结构主义语言学派和转换生成语言学派。结构主义语言学派注重对语言结构的分析，通过对语言要素的拆解和组合，试图揭示语言的内在规律。他们认为语言是由一系列的符号和规则组成的系统，这些符号和规则具有客观性和稳定性。转换生成语言学派则强调语言的生成性，认为人类具有一种先天的语言能力，能够通过特定的规则和原则生成无限的语言表达。虽然这两个学派在具体的研究方法和理论观点上有所不同，但都秉持着客观主义的哲学观，将语言看作是与客观世界相对应的抽象符号系统。然而，这种将语言视为静止、封闭体系的观点也存在一定的局限性。随着认知科学的发展，人们逐渐认识到语言不仅仅是一种抽象符号，更是人类认知和思维的重要组成部分。认知语言学的出现，打破了传统语言学的局限，强调语言的认知性和体验性，认为语言是人类在与世界的互动中形成的，与人类的身体经验和认知能力密切相关。

认知语言学基于哲学的前提下，对客观主义哲学观有着一定的反对，积极吸纳其中比较科学、合理的成分，并且着重关注客观世界对于人类认识所产生的影响。除此之外，比较关注人自身的主体意识与想象能力，提倡主客体之间进行一定的交流与互动，坚持体验哲学观。体验哲学的基本原则如图3-1所示。

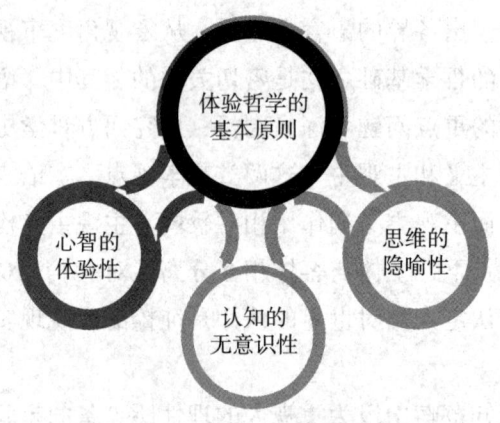

图3-1　体验哲学的基本原则

1. 心智的体验性

心智的体验性的核心观点指出，概念、范畴、心智并非先天存在，而是在人类与客观世界的互动体验及认知加工中后天形成，该理念强调了人类经验在认知构建中的关键作用。人们在与周围世界互动时，凭借自身经验形成概念、范畴与意义。在此过程中，身体与空间成为构成抽象概念与意义的重要前提。例如，"头"原本表示人的身体部位，通过隐喻机制可映射出"树头""山头"等表达，实现了从具体身体部位到其他物体特定部位的概念拓展。又如，"上、下"作为空间词，能够引出表达时间的"上午、下午"概念，体现了空间概念向时间概念的映射。这种基于体验的认知方式表明，人类的认知并非孤立地存在于抽象思维中，而是与身体感知和实际经验紧密相连。它为人们理解语言的形成、概念的构建以及思维的发展提供了新的视角，强调了人类认知的具身性和情境性，有助于深入探索人类认知的本质和规律。

2. 认知的无意识性

大脑内部的认知运作与信息加工极为复杂且高速进行，难以被人们觉察。体验哲学强调意义的体验观，将意义置于身体和无意识的概念系统中，这与传统分析哲学认为思维皆有意识的观点形成鲜明对比，体现了对分析哲学的反叛。认知的无意识性决定了人们在很多情况下对自身的认知过程缺乏直观感受，而体验哲学的这一主张为人们理解意义的产生和认知的本质提供了新的视角，促使人们重新审视思维的本质以及意义构建的方式，对于哲学研究和认知科学的发展都具有重要意义。

3. 思维的隐喻性

认知语言学认为，人类的思维并非对现实世界的直接复制，而是涉及以一个认知域认识另一个认知域的"跨域认识"过程，由此可以得出"大部分推理具有隐喻性"的结论。本质上，隐喻是把一个认知域的概念映射至另一个认知域中，两个认知域分别有着独立的概念，但是又存在着内在的关联性，其关联性来自于认知领域中的联想。例如，"争论"或"论战"借助战争来隐喻辩论，通过将战争中的冲突、对抗等元素映射到辩论活动中，使人们能够更形象地理解和表达辩论的激烈程度和策略性。

在语言中，人的体验与认知至关重要，从而构建了"现实—认知—语言"这一系统，这也是认知语言学的基础原则。该系统强调了人类认知在连接现实世界和语言中的桥梁作用，人类通过与现实世界的互动体验，形成各种认知，这些认知又进一步影响语言的产生和发展。

(二）认知语言学研究的主要目的

在语言学领域中，认知语言学是一个重要分支，其主要目的具有深刻的学术价值和理论意义。认知语言学明确将揭示语言事实背后的认知规律作为核心任务，这一目标的设定源于对语言本质的深入思考。语言不仅仅是一种交流工具，更是人类认知世界的重要方式。认知语言学深刻认识到语言与认知的紧密联系，认为语言是认知的重要组成部分，直接受到人的认知的影响和制约。在具体的研究过程中，认知语言学将重点聚焦于人的认知规律。研究者通过描写语言结构能够深入了解语言的外在表现形式，而努力探寻语言事实背后隐藏的认知方式，则是深入挖掘语言本质的关键步骤。现代认知语言学致力于将分析语言的方式进行统一或简化，旨在探索和寻找适用于分析与解释语言各层面的基础认知方式，从而可以更好地揭示语用、语法、语义之间的关联，构建起更加系统、完整的语言理论体系。

正如古语所云"纲举则目张"，深入探索语言背后的认知是全面把握复杂语言现象的关键。认知语言学的学者们致力于对潜藏于语言背后的认知方式展开深入研究，体验、范畴化、认知模式、隐喻等认知方式被发掘出来。隐喻和转喻在词义演变及语法化分析中发挥关键机制作用，而范畴化对概念形成有着直接影响。通过对这些认知方式的研究，能够更深入地理解语言的本质和发展规律，为语言的分析与解释提供新的视角和方法。且利于推动语言学理论的不断发展和完善，为语言教学、翻译等实际应用领域提供更坚实的理论基础和指导。

体验作为一种认知方式，强调人类在与现实世界的互动中形成语言。人类通过身体感知和实际经验，构建起对世界的认知，进而反映在语言表达中。范畴化则帮助人类将纷繁复杂的世界进行分类和概括，形成概念体系，为语言的表达提供基础。认知模式是人类认识世界的方式和框架，影响着语言的结构和表达方式。隐喻作为一种跨域认知的方式，通过将一个认知域的概念映射到另一个认知域，丰富了语言的表达和意义。

认知语言学指出，语言与认知规律紧密相关，也与人的百科知识密切相连。对语言的研究不能仅局限于认知基础，还应参照人类的概念知识、社会文化习俗、话语功能等因素。只有充分考虑这些方面，才能将语言清晰地描述出来。由此可以看出，语言不仅仅是一种交流工具，更是人类认知世界和传承文化的重要载体。人们深入研究认知与语言的关系，可以更好地理解语言的本质和发展规律，为语言教学、翻译以及跨文化交流等领域提供更坚实的理论基础。

（三）认知语言学的核心内容

认知语言学中，认知语义学与认知语法已演进至相对完备的发展境地。二者在具体研究的范畴内，展现出极为相近的特性，这种相似性无疑彰显出认知语义学在认知语言学整体架构里的核心价值。与其他语言学派截然不同，认知语言学独树一帜地将意义确立为核心要素，从而构建起独特的语言学理论体系。在其理论框架下，认知被视作对语言研究有着根基性的重要意义与效能，与此同时，人类的认知活动与意义、概念之间存在着千丝万缕且紧密交织的关联。从该逻辑脉络来看，可清晰地洞察到认知语言学聚焦于"意义"这一关键枢纽，以此为基石，认知语义学自然而然地成为认知语言学体系中比较核心的组成部分，深刻诠释了认知语言学以意义为导向的理论要旨，并为深入探究语言的本质、结构、功能以及语言与思维的复杂关系提供了核心的理论支撑与研究路径。

认知语言学理论体系当中，首要的是"现实—认知—语言"的原则。"认知"可作为此框架中的中介部分，可有效切断语言和外部世界直接所产生的直接关联。现实世界是构成认知的必要前提，认知则从心理层面上对其进行加工处理。此过程凸显出人的主观认知能力以及想象力在"现实"与"语言"关系中的重大意义。语义的形成主要基于人类的体验，它深深扎根于人类与世界相互作用所产生的经验之中，并且源自使用者对事物的理解，因而语义根本无法脱离人的认知而独立存在。因此，考查语义需从认知与现实两个层面进行，该原则强调了人类认知在语言形成和理解中的核心地位，表明语言是对现实的简单反映，同时是人类通过认知加工对现实进行诠释的结果，能够为语言研究提供了新的视角，促使研究者更加关注人类认知过程与语言之间的紧密联系，有助于深入理解语言的本质、发展以及语言在人类交流和思维中的作用。

认知语义学秉持一种理念：人类唯有凭借头脑内的概念范畴方能触及现实，而语言所映射的现实结构实则为人类心智活动的产物。据此，将语言研究的核心置于人类心智、认知与概念层面具有合理性与必然性。认知语义学倡导语言意义产生于对事物的认知，即人类体验的"概念化"进程。在认知语言学范畴内，"概念化"是核心认知途径，其涵盖既有概念，亦包含概念生成的动态过程，对深入探究语言与认知的内在联系意义深远。此特性充分彰显了人的创造性，人类在认知事物的过程中不断创造新的概念表达，丰富了语言的内涵。还体现了意义的动态性，随着人类认知的发展和体验的变化，语言意义也在不断演变，使语言始终保持着活力与适应性，为语言的研究和发展提供了新的视角和方向。"概念化"强调了人类在认知和理解世界过程中的主动作用，人们通过对事物的感知和体验，将其转化为概念，并在不断的认知过程中调整和丰富这些概念。动态的概念化过程使得语言意义不断演变和发展，反映出人类对世界的认识和理解的变化。且人的创造性在概念化过程中得以充分体现，人们可以根据不同的情境和需求，创造新的概念或赋予旧概念新的含义，从而为语言的丰富性和多样性提供了基础。认知语义学的这一主张为语言研究提供了新的思路和方法，促使研究者更加深入地探索人类认知与语言意义之间的关系，为语言教学、翻译以及跨文化交流等领域提供了更深入的理论支持。

（四）认知语言学需遵循的基本原则

认知语言学作为一门极具创新性的交叉学科，将认知科学与语言学进行了深度融合。它摒弃了形式主义语言学的观点，不认为语言是独立系统，语法是自主体系。相反，认知语言学强调基于人们对世界的经验和认知来开展语言研究，致力于揭示语言中的认知规律，并以此为依据对语言进行统一解释。"现实—认知—语言"这一根本原则深刻地揭示了语言与现实世界之间的关系，基于此框架下，认知层面成为连接语言与现实世界的关键。语言并非直接对应现实世界，而是人们在与现实不断互动、体验的过程中逐渐形成的。人的认知在其中起着重要的依托作用，使得语言与现实世界产生联系。

从宏观角度审视，现实、认知和语言三者呈现出相互影响、相互作用的关系。现实世界为认知提供基础，认知又塑造了语言，而语言反过来也会影响人们对现实的认知。现实在一定程度上决定认知，是认知的基础。人们通过与现实世界的接触和体验，形成对世界的认识和理解。而认知又决定语言，人们根据自己的认知方式和思维模式来表达和传递信息。同时，语言也能反作用于认知，丰富和拓展认知的边界。认知语言学探寻语言事实背后的认知规律，并运用这些规律阐释语言的普遍规则。该理念为语言研究带来了新的视角和方法，使语言研究不再局限于语言的形式和结构，而是深入到人类认知的层面，揭示语言与认知之间的内在联系。认知语言学的研究方法也为跨语言比较和语言教学提供了有益的启示，通过比较不同语言中的认知规律，可以更好地理解语言的多样性和共性，促进跨文化交流。在语言教学中，以认知为基础的教学方法可以帮助学生更好地理解和掌握语言，提高语言学习的效率和质量。

二、日语教学中应用认知语言学理论的作用

（一）教材重视词语的本质意义与语义间的关联

目前，日语专业的基础教材中，对单词与语法的编排比较传统化，教师在为学生讲解语法时，一般采用罗列几个用法、列举几个例句等模式。而学生在进行日语单词的学习时，只能结合简短的中文释义掌握单词的意义。

将认知语言学的原型范畴理论应用于教材编写与教学实践中，可以改变上述情况。原型范畴理论指出，任何范畴都具有从典型事例到边缘实例的模糊性特征，范畴成员间具有家族相似性，且地位不同，原型作为范畴中心、典型的成员，与人类认知结构相近，易被人脑感知。对于语义较多、应用复杂的词语，教师可借助树形语义结构图，呈现各语义和用法间的有机联系。在讲解单词或语法点时，应明确其本质意义。认知语言学认为，多义语虽语义众多，但各语义间本质存在共同点，从而决定了词语语义发展在一定限度内进行，且词语运用有规则可循。从认知语言学角度出发，教材应更加重视词语的本质意义以及语义间的关联。在教材编写中，可以运用原型范畴理论，以典型的词语用法为核心，逐步拓展到边缘用法，帮助学生建立起系统的语义认知结构。同时通过展示词语各语义之间的联系，让学生更好地理解词语的多义性和灵活性。教师在实践教学过程中，应引导学生从认知的角度去理解词语。通过分析词语的原型意义和扩展意义，让学生了解词语语义的演变过程，从而加深对词语的记忆和理解。

（二）引导学习者理解语言中体现的认知主体意识

语言的组织应将语法规则作为基础与前提，但这并不意味着由语法支配、统治语言。在人类的语言发展历程中，语言实践是不可或缺的。在持续的语言实践进程中，个体对语法的认知持续演进，促使语法内容与形式渐趋丰富。因认知主体的差异，认知概念亦各有不同。故而，判定语言现象的正误不能仅依单一语法条目，需综合考量多方面因素，以全面把握语言运用的复杂性与多样

性，深入理解语言现象背后的认知逻辑。

认知语言学指出，认知主体的意识在很大程度上对语言的组织方式和表达方式有着直接影响。在语言应用的实际情境里，说话者依特定语境与自身发话目的遴选适配的语言形式。其认知进程、发话意向及关注核心相互交融，共同塑造语言所承载的认知主体意识，此为语言运用中认知与表达协同运作的体现，将会直接影响语言表意的精准性与有效性。

在日语专业实践教学中融合认知语言学理论，能帮助学生在宏观上掌握词语的本质意义，理解语义之间所存在的有机关联。同时，又能够在微观上掌握各种语义的实际用法，利于使学生养成主动、积极思考的能力与习惯。

学习者若能于脑海自主构建多语义关联的树形结构图，在探索语义有机联系时，可深化记忆与理解。此过程有助于培育学生探究词语本质意义的思维模式与习惯，使其突破语义、用法的表层理解，从根本上予以把握。经由相关的训练，学习者对未学或特殊用法的推知与理解能力将逐步提升，为其语言学习与运用奠定坚实基础，促进语言素养的进阶发展。

在教育领域中应用认知语言学理论是一个挑战性比较强的研究课题，近年来，日本文部省已将此列为研究项目，日本学者已经开始着手，站在认知语言学的角度分析开发日语教材的可能性，或许这将会成为推动日语教学产生重大变革的中坚力量。我国学者也已经意识到了认知语言学对日语学习的指导性意义，徐昌华、李远喜等学者已经开始在此领域中展开有益探讨。

在基础日语教学中，将认知语言学的知识灵活导入，是一种比较新颖的教学思路，深度研究、解析语言形势下的认知规律与认知模式，结合思维的深度不断寻找规律，从而指导语言学习，不单单是对于日语教学比较有利，同时对其他的外语教学有一定的启示。

三、认知语言学理论在高校日语教学中的实际应用

在当前形势下，应在继承生成语法等传统教学模式优点的基础上，积极引进认知语言学理论，以提高日语音韵、句式、语义、语法等方面的教学效果。教师引入认知语言学理论可以引导学生从认知的角度去理解日语语言现象，培养学生的日语思维，帮助学生更好地掌握日语的音韵规律、句式结构、语义内涵和语法规则，从而提升日语教学的质量和水平。

（一）认知语言学中认知语法理论在日语教学中的实际应用

认知语法理论强调主观性强且较为模糊的认知模式，主张语言结构是词义极、音韵极以及整合这些要素的符号单位，并且以从大量语料中总结出句子范式的用法基础模式呈现，从而与传统日语教学先讲句型后举例让学生造句的方法形成鲜明对比。传统教学方法往往容易忽视日语中的文化、社会等因素，可能会在一定程度上导致学生造出的句子生硬，出现中国式日语。因此，在日语教学中，应引导学生多读日文报刊、小说等课外读物，从中收集句型例子。而且，让学生在实际语境中学习语言，更加贴近语言的真实使用情况，避免了单纯从语法规则出发的机械学习。这种教学方法有助于学生更好地理解日语的语言结构和文化内涵，提高语言运用的准确性和流利度。认知语法理论在日语教学中的应用，强调了语言学习的整体性和语境性，要求学生除了要掌握语法规则和词汇，还要理解语言背后的认知机制和文化背景。只有这样，学生才能真正掌握日语，实现有效的跨文化交流。

认知语法的观点促使学生从更综合的角度去看待语言，认识到词汇和语法在语言表达中的相互作用。教师在教学过程中，可以引导学生通过分析具体的词语用法来理解语法结构，并结合语法结构的学习更好地掌握词汇的意义和用法，从而提高学生的语言综合运用能力。

（二）认知语言学中的隐喻在日语教学中的实际应用

纵观古今中外文学作品，隐喻手法都占据着重要地位，其强大的感染力赋予作品更深刻的内涵和更丰富的表现力。在日语的语言体系中，隐喻有着独特的表达方式，通常以"主语+主格助词+表语+判断助词"的结构呈现，这与直喻中借助"如""像"等助词的方式形成鲜明对比。以日本文学经典作品为例，志贺直哉的《暗夜行路》里，谦作与爷爷的女佣的对话以及"黑暗越深，黎明就越近了"这样的表述，巧妙地运用隐喻，传达出深邃的人生哲理和情感内涵。这里的隐喻不仅仅是一种语言技巧，更是作者对生活、人性和世界的深刻洞察的体现。佐藤春夫的《田园的忧郁》同样如此，"我的院子里紫堇开了"看似平淡的自然风景描写，实则是对恋爱中男子复杂情愫的隐喻表达，将抽象的情感具象化，使读者更能感同身受。"他一看窗外，发现一只鹰静止在空中，不畏强风"则通过隐喻传达出对坚强品质的向往，为作品增添了厚重的情感力量。

隐喻在日语的日常语言生活里也频繁现身，在日语能力考试的阅读理解和听力部分时常可见隐喻的运用，反映出隐喻在日语语言中的普遍性和重要性。隐喻丰富了日语的表达方式，使语言更加生动、形象、富有诗意。而且，隐喻也体现了日本文化中独特的审美观念和思维方式，反映出日本人对世界的细腻观察和深刻感悟。通过对日语中隐喻手法的深入研究，可以更好地理解日本文学作品的魅力，把握日语语言的特点，促进不同文化之间的交流与理解。

隐喻思维的引入益于学生更好地理解日语的文化内涵和语言特色，日语中的隐喻往往与日本的历史、文化、价值观等因素紧密相连，学生学习隐喻可以深入了解日本文化的独特之处，增强对日语的感悟力。隐喻思维的培养也能提高学生的语言表达能力，学生在掌握隐喻的基础上可以更加生动、形象地表达自己的思想和情感，使语言更加丰富多彩。并且隐喻思维还可以帮助学生提高阅读理解和听力理解能力，学生在进行阅读和听力过程中，能够更好地理解隐喻所传达的深层含义，从而更准确地把握文章和对话的主旨。

（三）认知语言学中的构式语法理论在日语教学中的实际应用

构式语法有着其独特的视角和理念，它将语法定义为习惯化的集合体，这与生成语法借助词汇项目及合成规则来记叙语法的概念形成了强烈的反差。构式语法理论倡导从固定的表达方式逐步过渡到可自由替换词汇的构式，从而形成一个连续的整体，使学习者能够深入挖掘问题的本质，对日语语法现象形成更为深刻的认知，同时也进一步强化了记忆。以日语中的双重宾语构式"主语+动词+宾语1+宾语2"和被动态"主语+助动词+动词的被动式"等语法现象为例，运用构式语法理论能够为学习者提供更为清晰的分析路径。构式语法强调对语法结构的整体性把握，而非仅仅关注单个词汇或规则的简单组合，它引导学习者从宏观的角度审视语法现象，洞察不同语法结构之间的内在联系和逻辑关系。

认知语言学并非否定生成语法中的"词汇""形态""统语"等的存在，然而，认知语言学理论较为抽象，在教学过程中如果照本宣科，学生很难理解，这时需要教师采用更加灵活多样的教学方法，结合具体的语言实例，引导学生逐步理解认知语言学的理论和概念。教师可以通过分析日语中的实际句子和文本，让学生体会认知语言学理论在语言现象中的体现，从而提高学生对日语语法和语言运用的理解和掌握能力。

(四)认知语言学中的范畴化理论在日语教学中的实际应用

人类的认知资源存在一定限制,而范畴化能够以较小的努力获取大量信息,其形成过程具有系统性和逻辑性。日语教学中肉眼可见对象的模式,例如"主语+宾语+谓语"这种日语句式,作为一种典型的模式认知,利于学生把握日语的本质特征,使学生能够建立起基本的日语句子结构框架,为后续的学习奠定基础。在长期记忆中对已知信息进行检索也是范畴化的重要环节,当学生阅读新的日语句子时,能够在已有的"主语+宾语+谓语"等句式的长期记忆中,迅速检索出已知的主语、宾语、谓语等成分,从而更好地理解句子的含义。这种检索过程大大提高了学生的阅读效率,并加深了他们对日语语法的记忆和理解。

在学习日语语法的核心知识时态时,学生可以借助中学所学过的 16 种英语时态进行对比学习,帮助学生利用已有的知识经验,更好地理解和掌握日语中的时态表达,实现知识的迁移和拓展。且在日语句子中,有很多汉语词汇,学生只有结合日语习惯,准确推测这些词汇在日语中的性质,才能正确合理地安排它们在句子中的位置。这要求学生具备较强的分析和推理能力,通过对词汇性质的推论,提高语言运用的准确性。在众多刺激中,结合类似性和典型性形成具有代表性的案例,实现范畴化。越是典型的案例,范畴化的特点越明显,学生也更容易形成深刻的记忆。例如,学生在学习容易混淆的词汇读法时,记住前音后训"重箱"与前训后音的"汤桶"这两个典型读法,就能有效解决难题。这种通过典型案例进行范畴化的方法,能够提高学生的学习效率,增强他们对日语知识的掌握和运用能力。

第二节
认知负荷理论在日语教学中的实际应用

一、认知负荷理论的解读

（一）认知负荷理论的有关知识

1. 认知负荷理论的基本定义

认知负荷理论由澳大利亚新南威尔士大学的心理学家约翰·斯韦勒所创，其理论渊源可回溯至美国心理学家米勒在脑力负荷领域的研究成果。当约翰·斯韦勒深入考察学习材料与教学方法对学习者概念掌握及认知加工效能的影响时，率先将认知负荷理论引入教育领域。在他的理论视域中，此理论聚焦于剖析复杂学习情境里任务或环境对学习者认知资源的占用态势，并探寻有效管控之法，同时深入解析学习进程中知识的加工流程、吸收路径以及内化机制，以此揭示学习活动中认知系统的运作规律与优化方向。认知负荷理论为人们理解学习者在学习过程中如何分配和利用有限的认知资源提供了重要依据，揭示了在复杂的学习情境下，学习者可能会因认知负荷过高而出现学习困难，或者因认知负荷过低而导致学习效率低下等问题。在教学中，教师合理地控制认知负荷，根据学习者的特点和学习任务的性质，调整教学内容的呈现方式、难度层次等，有利于推动学习者学习效果的提高，避免因认知负荷不合理而造成的学习障碍，为优化教学过程和提高教学质量提供了有力的理论支持。[①]

2. 认知负荷理论的研究基础

认知负荷理论有着坚实的研究基础，其中包括认知资源有限理论、图式理论和工作记忆理论。

（1）认知资源有限理论。认知有限理论主要涉及两个方面，即单资源理论和多资源理论，并且存在着"此多彼少"的资源分配原则，这则意味着在认知过程中，当某一方面的认知资源占用较多时，其他方面的资源就会相应减少。如此，深刻地揭示了认知资源的有限性，提醒人们在进行认知活动时，必须合

[①] 张颖. 现代日语教学的理论与方法研究 [M]. 长春：吉林人民出版社，2024：38.

理地分配资源，避免因某一区域资源过度占用而影响其他部分的认知功能。

（2）图式理论。赖曼提出的图式理论是认知负荷理论的一大支撑，一般情况下，图式被人们视为存储于长时记忆中的专业知识结构，如同心理活动的组织架构或者框架，可帮助学习者将各种问题解决类化，明确比较合适的操作活动。图式理论认为图式的分析与归类本质上是一个自动化的加工过程，无须经过有意识的控制，也不会消耗过多的认知资源。如同一个高效的"自动程序"，在认知活动中能够自动运转，弥补了工作记忆容量的不足。

（3）工作记忆理论。人类的认知结构由感觉记忆、工作记忆和长时记忆共同构建而成。感觉记忆作为认知的起点，负责接收与处理来自外部世界的知觉输入信息，如视觉和听觉信息等，为后续的认知过程提供原始素材。工作记忆在整个认知结构中占据着核心地位，是信息加工的场所。然而，其容量在面对新信息时具有明显的局限性，通常仅能接收、处理、加工或储存大约 $7±2$ 个单位的信息组块。"组块理论"的出现进一步深化了对工作记忆的理解，组块虽在表面上是一个单位名词，但实际上它具有动态概念。可见组块的信息量并非固定不变，而是可以根据具体情况进行灵活调整，其动态性使得工作记忆在处理信息时能够更加高效地利用有限的资源。长时记忆则为认知结构提供了丰富的知识储备，长时记忆内的知识结构以图式为基本单元或以系统化方式存在。图式具有复杂性，能够整合大量的信息，同时又具备自动化特点，使得在需要时能够迅速被调用。当需要使用图式时，它可以从长时记忆中迅速提取出来，并进入工作记忆阶段参与信息加工。而且，当图式中的信息被调用到工作记忆中时，所有被调用的信息会作为一个组块进行加工处理。此过程体现了不同记忆系统之间的紧密协作，共同推动着人类认知活动的进行。

站在学习的信息加工论视域上来看，个体在学习时，信息先在外部环境中体现，之后再结合感受器，进入短时记忆空间中，最后再进入长时记忆空间中储存。在整个学习过程中，长时记忆占有重要的地位，只有改变或者增加长时记忆中的内容，才真正地意味着可以实现具有持久性意义的学习。教师在教学中应充分考虑学生工作记忆的有限容量，合理安排教学内容和信息呈现方式，避免信息过载。同时，教师可以通过引导学生运用组块策略，提高信息处理效率。

3.认知负荷的基础定义

在认知科学领域，认知负荷这一概念尤为关键，其与个体解决问题、获取知识的能力存在着紧密的联系。具体而言，认知主要是指个体的信息加工过程与信息加工能力，而人们信息加工容量具有一定的有限性，这也是存在认知负荷的前提。由于认知负荷具有内隐性、复杂性与多维性的特征，目前对其尚未有统一的定义。从理论和实践两个层面可以对认知负荷进行理解。

理论层面上，可从实验室研究的角度定义认知负荷。从能力角度思考，认知负荷主要用于处理被加工信息的心智能力。心智能力的强弱决定了个体在面对不同信息时的处理效率。从心智角度看，认知负荷是学生在心智上所付出的努力，包括个体对心智努力的感受以及心智负荷的负载状态，从而充分反映了认知过程中个体的主观体验和心理状态。从心理能量角度出发，认知负荷指在进行特定数量信息加工时所需的心理能量水平，其高低与待加工信息数量密切相关，表明信息的复杂性和数量会影响个体在认知过程中所消耗的心理能量。从心理资源角度思考，认知负荷是学生在具体学习过程中完成认知任务应具备的心理资源数量。心理资源的多少决定了个体能否顺利完成认知任务。

在实践层面，对认知负荷的定义主要有两个视角。一是确定了认知负荷产生的空间——工作记忆。工作记忆在信息加工中起着关键作用，认知负荷的大小会影响工作记忆的容量和效率。二是强调动态的定义，应用协调、知觉、体验等动态名词。这意味着认知负荷不是一个静态的概念，而是随着认知过程的变化而变化。在实际应用中，动态的认知负荷定义更能反映学习和工作中的真实情况。

4. 认知负荷的教学效应

认知负荷的类型能够产生推动教学中央执行官能使用的结构化教学效应，总体上来看，可将有关的效应进行归纳，如表3-1所示。

表3-1　认知负荷的教学效应与含义

教学效应	含义
目标自由效应	主要是指以目标自由的题目而替代传统题目，改变为学生提供特定目标的传统题目形式
样例效应	重在通过已经解决好的样例而替代传统化的问题，且仔细学习相关的样例
完成问题效应	重在以有待完成的问题而替代传统的问题，并且在问题中提供一些有效解决问题的具体方法，其余由学生自主完成

续　表

教学效应	含义
分散注意力效应	指的是用一个整合的信息取代多种信息源，一般是图片与文字的结合
形式效应	将口头解释文本和形式多样的视觉信息替代一些比较单一化的视觉信息源形式，其中包括书面文本、图表等
想象效应	指的是使学生用想象或者心理练习材料取代传统的附加学习
独立交互元素效应	将元素高交互性材料呈现给学生时，应先将一些独立元素呈现给他们，之后再为其呈现全部的材料
元素交互性	指的是当应用低元素交互材料的时候，想象效应等教学效应逐渐消失，但是当应用高元素交互的时候，想象效应等教学效应又被重视起来
变式效应	指的是基于不同变量情况或者增加可变性等情况下进行练习
专业知识反效应	指的是当对一些初级学习者来说比较有效的教学方式被应用于中级或高级学习者教学时容易造成"无效"的现象，甚至在某种程度上容易产生相反的效果
指导隐退效应	随着基于知识的中央执行者持续发展，基于教学的中央执行者逐渐隐退这一现象值得引起关注。当个体的专业知识不断增加时，完整的样例开始被部分完成的样例所取代。这一转变反映了学习者在知识积累过程中的自主性逐渐增强。他们不再完全依赖于完整的范例来进行学习，而是能够通过部分完成的样例进行自我探索和知识构建。然而，随着专业知识的进一步增加和积累，部分完成的样例也会被问题所取代
冗余效应	指的是以一种信息源而取代多种自治的信息源

（二）认知负荷理论的基本观点解读

在基于人类的认知结构特点，以及认知资源有效理论、图式理论的基础上，提出了认知负荷理论，其基本观点如图3-2所示。

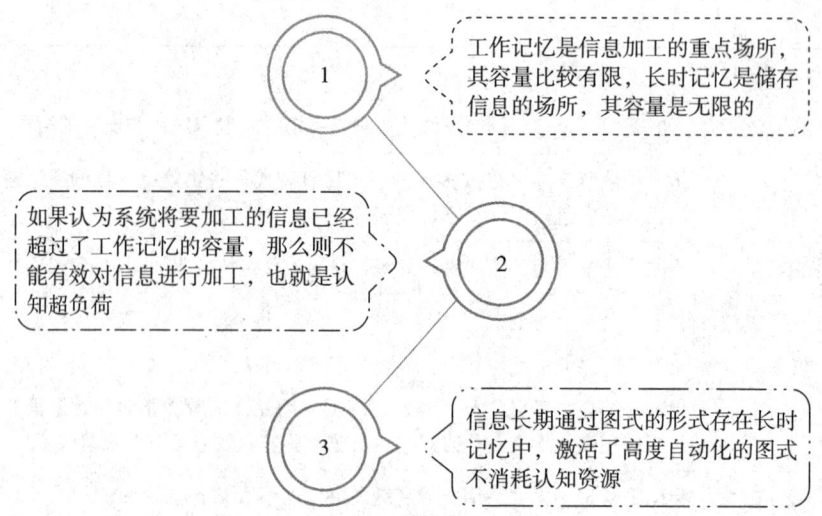

图 3-2 认知负荷理论的基本观点

认知负荷理论认为，人们学习的过程实际上就是构建图式，且将其自动化的一个过程，更是增加图式数量和精化图式结构的过程。

1. 资源有限理论

在心理学的研究领域中，资源有限理论由卡曼尼这位心理学家所提出并引入学术视野。该理论聚焦于"资源"这一关键概念，其内涵囊括认知资源与注意资源。此理论的核心要旨在于揭示人类认知资源存在显著的局限性，当个体试图同时推进多种活动时，不可避免地会陷入认知资源分配的困境。这种分配严格遵循特定原则，即在不同活动间分配的资源呈现出"此多彼少"的态势，且整体资源总量维持恒定。基于资源有限理论的基础架构，认知负荷理论进一步深入探究，着重强调工作记忆层面所彰显的认知资源有限性。由于工作记忆容量具有明确的边界限制，这一特性极易导致容量分配方面的矛盾与挑战。一旦基于工作记忆处理的信息规模超越其总体容量阈值，新的刺激信息便难以被纳入加工流程，这深刻体现了人类认知体系在资源约束下的运作机制与内在制约因素。在此情况下，学习效果会显著降低，进而出现认知超负荷的状态。所以人们在日常的学习和工作中，要充分认识到认知资源的有限性，合理规划和分配任务，避免同时进行过多复杂的活动，以防止认知超负荷的情况发生。

2. 图式理论

图式理论发端于康德的理论构建，其将图式界定为知识表征的基础单元。

该理论着重阐述图式构建实质是把众多信息元素予以整合并形成单一信息单元的进程，单个图式具备容纳多元信息的能力。若长时记忆里的知识信息以图式形态储存，则能切实削减工作记忆中信息加工的总量，从而为工作记忆开辟出充裕的存储空间。认知负荷理论以此为依托进一步阐释，图式的成功构建与达成自动化能显著缓解工作记忆的负荷压力，释放出更多可资利用的工作记忆容量，对于深入理解人类认知信息处理机制以及优化认知过程具有重要作用。当工作记忆的负担得以减轻时，就能够更加高效地推动对信息的加工处理，此过程在无形中提高了学习效率。图式理论为提示人们在学习和教育过程中，应注重培养和构建图式，以提高信息加工的效率和学习的效果，引导学习者将零散的知识整合为有组织的图式，可以更好地利用工作记忆资源，促进知识的存储和提取。

从认知过程来看，图式作为知识的组织形式，能够帮助个体快速识别和理解新信息。当个体遇到新的情境或问题时，长时记忆中的图式可以被激活并调入工作记忆，为信息加工提供框架和背景知识。这种基于图式的信息处理方式，不仅提高了信息加工的速度，还降低了认知负荷。

（三）认知负荷的类型与其影响因素

认知负荷可分为内在认知负荷、外在认知负荷和关联认知负荷，内在认知负荷取决于学习材料的本质与学习者的专业知识水平；外在认知负荷源于不良的教学设计等因素；关联认知负荷则与有助于图式建构的认知活动相关。三种负荷相加为认知负荷总量。不同类型的认知负荷对学习和任务结果影响各异，内在认知负荷过高可能使学习者难以理解复杂内容，外在认知负荷会干扰学习进程，而关联认知负荷有助于促进知识的整合与图式建构，提升学习效果。

1. 内在认知负荷

索伊弗特等人将其分为外因决定和内因决定两个部分，外因决定的内在认知负荷由学习任务复杂性引发，而内因决定的部分则取决于图式可得性。内在认知负荷主要受到学习材料性质与学习者知识经验水平的影响，其中，学习材料的难度和复杂性决定了内在认知负荷的大小。具体来说，材料所包含元素的数量以及元素之间的交互性是关键因素。若材料中元素数量众多且交互频繁，那么材料的复杂程度和难度会大幅提升。而学习者则需要投入更多的认知资源进行处理，从而承受更高的内在认知负荷。了解这些影响因素有助于在教学和学习过程中合理调整学习材料，以降低内在认知负荷，提高学习效果。然而，不同的学习者对于相同学习材料的难易感知存在差异，主要是因为每位学习者的知识经验水平各不相同。知识经验丰富的学习者，由于其已有的知识体系较为完善，可能会觉得某些学习材料相对容易，因而承受的内在认知负荷较低。相反，知识经验不足的学习者在面对同样的材料时，可能会感到困难重重，内在认知负荷也就相应较高。

通常情况下，知识经验水平高的学习者面对学习材料时，会觉得难度较低，产生的内在认知负荷也相应较低，而知识经验水平较低的学习者则可能因材料难度较大而承受较高的内在认知负荷。虽然内在认知负荷在既定条件下较难改变，但有研究者认为其并非完全不可改变，并积极探索出减轻内在认知负荷的教学方法，为教学实践提供了新的思路。

2. 外在认知负荷

外在认知负荷源于不合理的材料呈现方式与教学设计，当材料的组织及呈现未能遵循科学合理的原则，或者学习活动设计存在缺陷时，便会给学习者带来不必要的负荷，即外在认知负荷。例如，若教学材料中包含与学习主题无关的内容，或者开展的学习活动与主题关联不紧密，都会引发外在认知负荷。外在认知负荷会干扰学习者对关键信息的获取与加工，影响学习效果。因此，在教学过程中，应注重优化材料的呈现方式和学习活动设计，减少无关因素的干扰，以降低外在认知负荷，提高学习的效率和质量。

外在认知负荷由于产生于不合理的材料呈现方式及教学设计，不仅未能充分对学生加工信息起到一定的促进作用，甚至还在很大程度上限制了学生加工信息。但是由于教学设计是能够改变的，因此，可以控制外在认知负荷。广大教师在实际教学的过程中应巧妙设计教学，尽可能减轻外在认知负荷。

纯文本和口头讲解相对单一，学生需要在脑海中自行构建图像和理解过程，增加了认知负担。而以图文结合或辅以多媒体动画的方式呈现概念，则可以将抽象的知识直观化，降低学生理解的难度，从而减轻学生的外在认知负荷。所以，教师在教学中应充分考虑学生的认知特点以及学习需求，精心设计教学内容的呈现方式。

3. 相关认知负荷

相关认知负荷，即有效认知负荷的提出基于认知策略，主要是由学生在构建图式时所投入的精力,以及他们所采用的处理信息的元认知策略而决定的。在学习过程中,学习者会把工作记忆里剩余的认知资源运用到诸如重组、抽象、比较和推理等更高级的认知加工活动上,影响了图式的构建,它们能够促使学习者对信息进行深度加工,进而形成更完善的知识结构。巴德利工作记忆模型中,元认知作为中央执行者于认知资源分配监控处核心地位。瓦尔克据此提出"元认知负荷"概念,凸显学习者在工作记忆里,为图式构建之分配、监控、协调与储存所付心理资源及承受负荷,此对剖析认知运作机制意义重大。

相关认知负荷由教学设计引起,在学生建构新知识的过程中发挥着重要作用。一方面,它有利于对图式进行建构。例如,教师在讲解概念时适当加入与概念相对应的支持性事例,可以促进学生对概念的理解,为图式构建提供有力支持。另一方面,在图式的自动化过程中,相关认知负荷的作用也不可忽视。

合理控制认知负荷需要从多个方面入手。对于内在认知负荷,教师可以通过分析学习材料的性质和学习者的知识经验水平,选择合适难度的学习材料,或者采用逐步引导的方式降低材料的复杂性。从而避免因学习材料过难而导致内在认知负荷过高,影响学生的学习效果。对于外在认知负荷,要注重教学设计的合理性,优化材料的呈现方式和学习活动设计,减少与学习主题无关的内容和活动。例如,采用简洁明了的图表、实例等方式呈现知识,避免信息过载,降低外在认知负荷。对于相关认知负荷,可以根据学习目标和学生的实际情况,适当增加支持性事例和高级认知加工活动,以促进学生的知识建构。

二、基于认知负荷理论的日语教学策略——以基础日语课程为例

(一)日语专业教学中基础日语课程的地位

作为面向初学者的课程,日语基础课程的目标是让学生在听、说、读、写、译等各个领域筑牢根基,具备独立阅读、深入分析、用日语交流以及一定的写作和翻译能力。日语教师应从学生的发音着手,对他们进行系统、全面、分阶段的教学。

当前,全国有四百多所本科院校设有日语专业,再加上众多外语学校和培训机构,学习日语的学生数量已远超小语种的通常规模。鉴于日语基础课程的重要性,对其教学的理论与方法展开深入研究势在必行。一方面,不断探索和完善日语基础课程的教学,可以为学生后续的日语学习奠定坚实基础,提高学

生的综合语言能力。另一方面，利于推动日语教育的整体发展，丰富日语教学的理论体系，为培养高素质的日语专业人才提供有力支持。

（二）基于认知负荷理论的基础日语教学策略

认知负荷理论强调对学习者认知资源的合理分配和有效控制，教师在日语基础课教学中采用语言、图像、思维导图、动画、多媒体等多种形式，可以从多个角度降低学生的外在认知负担，同时增加相应的认知负担，以实现教学效果的提升。为了有效地控制学生的认知能力，教师应选择合适的教学材料。当前日语基础课程的教科书呈现出多样化的特点，不同的教材编制观念各有优劣。有的教材偏重表面化，目标分散且信息量大，虽注重自主性和归纳总结，但忽视了语法系统的系统性；有的则过于注重文法解释，虽条理清晰，却容易使学生陷入文法的单一关注中，失去学习外语的多元乐趣；还有的强调拓展训练和学生主体性，但内容讲解过于简略，难以满足学生在学习过程中的解惑需求。

鉴于此，教师在选择教科书之前，应对多种版本进行细致深入的理解和分析，并对比不同教材的特点、优势与不足，结合学生的具体情况和学习特征，选择最为合适的教科书。如此，能够显著减少学生的学习困难，降低教材带来的内在认知负担，并有效促进师生之间的良好合作，增加学生的学习兴趣，进而提高相关的认知负担。

教师在选定了合适的教科书之后，应从课前预习、课内教学以及课后复习三个方面全面着手开展教学工作。教师引导学生进行课前预习，能够为学生后续的学习打好基础。以日语入门课为例，根据实际情况安排特定的预习作业，让学生提前掌握关键词汇，熟悉语法结构，从而在课堂教学中减轻学生的心理负担，使学生在课堂学习中更加从容自信。并且，当学生将预习所学的知识运用到课堂教学中时，能够获得成就感和满足感，进一步提高他们的学习兴趣，增强他们的注意力，达到增加相关认知负荷的目的。教师在课内教学过程中可以充分利用多种教学手段和资源，例如，运用多媒体展示生动的图像和视频，借助动画演示复杂的语法现象和语言情境，或者通过思维导图梳理知识结构等。诸多新颖的方法可以将抽象的知识直观化、形象化，降低外在认知负担。教师还应充分调动学生的积极性，组织学生进行小组讨论、案例分析、角色扮演等互动活动，鼓励学生积极参与课堂，促进学生对知识的深度理解和应用，提高相关认知负荷。教师在课后复习阶段可以布置有针对性的作业和练习，帮助学生巩固所学知识，强化记忆，或者引导学生进行自主复习，如制作学习笔记、总结归纳知识点等。在课后复习阶段进一步强化学生的图式构建，提高学习效果。

第三节 建构主义理论在日语教学中的实际应用

一、建构主义理论的基础概述

（一）建构主义学习理论的有关认知

建构主义作为聚焦学习与知识关联探究的理论，高度重视学生于实际学习进程中的自主性与主动性发挥。学生凭借自身既有基础，经建构主义引导，达成对知识的崭新理解与构建。教师若能巧妙融合建构主义理论与日语教学实践，将有力推动课堂教学成效全方位提升，切实增强学生自主学习能力，为其长远的成长发展筑牢根基，助力学生在知识建构与素养培育之路上稳步前行。

1. 建构主义学习理论解读

建构主义当属哲学方法论范畴，着重剖析事物结构、结构起源及其构建方式。建构主义学习理论聚焦认知规律探究，诸如学习产生机制、意义构建途径、概念形成过程等，为深入理解学习本质与知识获取逻辑提供理论视角与分析框架。

（1）建构主义的理论来源。建构主义学习理论是基于建构主义观点下所形成的认知学习理论，当代已趋于成熟完善，其理论根源可回溯至儿童认知发展理论。建构主义理论突出学习者在学习时作为信息核心加工主体的地位，深刻影响着建构主义学习理论的形成与发展。

建构主义的理论基石在认知发展理论的诸多观点中得以彰显，皮亚杰所提出的儿童与环境互动的认知模式中，同化与顺应两种方式的界定意义深远。同化作为新知识融入既有认知结构的量变历程，体现了知识体系在个体内的逐步积累与扩展；顺应则是在面临认知冲突时，个体认知结构发生质的变革以适应新事物的关键机制。而维果茨基的"最近发展区"概念为教学活动提供了精准的切入点,教师搭建"脚手架"助力学习者突破现有水平局限,迈向更高层次认知境界的过程,不仅催生了支架式教学法,更凸显了教学引导与个体主动构建知识间的协同关系。这些理论聚焦于学习者在学习进程中的主动性角色,学习者不再是被动的知识接受者,而是积极的探索者与构建者,其主体性在学习活动中的核心地位得到了有力的确立,为建构主义学习理论的核心内涵注入了深刻的理论支撑与实践导向意义,极大地丰富了教育领域对学习本质与过程的理解与阐释。建构主义强调学习者在学习过程中的主动建构,学习者不是被动地接受知识,而是根据自己的已有经验和认知结构,主动地对新知识进行加工和理解,构建自己的知识体系。

在教育实践中,建构主义理论为教学方法的创新提供了指导。教师应认识到学生的主体地位,创设丰富的学习情境,引导学生积极参与学习活动,促进学生的主动建构。

(2)建构主义的主要观点。建构主义理论的观点主要将学生作为核心,着重突出了学习的主观能动性,建构主义理论下,将使教学模式由"教"转向"学",教学的着重点发生了转变。[①]教师在教学设计中应注重创设情境,激发学习者的兴趣和主动性,让学习者在真实的情境中进行知识的建构。同时强调合作学习和互动交流,促进学习者之间的知识共享和共同建构。通过遵循建构主义理论,教学设计能够更好地适应学习者的需求,提高教学效果。

建构主义理论认为,实际上学习者学习的过程并非一个被动接受知识的过程,而是一个应用"刺激—反应"学习法、归纳法等方式对新知识进行总结,从而完成知识学习的过程。

2.建构主义理论的特点

建构主义作为认知主义分支,有着多学科交织的复杂理论体系。其发端于皮亚杰,经众多学者发展,如冯格拉泽费尔德提出激进建构主义,极大拓展了理论深度与广度。在教育层面,建构主义目标明确,旨在锤炼学习者高阶思维与问题应对能力。它强调学习者自主性,虽认可教师督导价值,但突出学习者的核心地位。建构主义理念打破传统教育模式束缚,促使教育者重新审视教学

---

① 李燕著.建构主义理论与大学英语写作教学模式研究[M].成都:西南交通大学出版社,2023:9.

角色定位，引导教育从知识灌输向能力培育转型，为现代教育变革提供了关键的理论支撑与实践导向。课堂应以学习者为中心，所以教学的重点不再是知识的简单传授，而是激发学习者的主动探索和积极建构。教师应转变角色，成为引导者和促进者，为学习者提供适宜的学习资源与情境，促使学习者在与环境的互动中构建属于自己的知识体系。

墨菲（Murphy）认为，建构主义有几个特点，如图3-3所示。

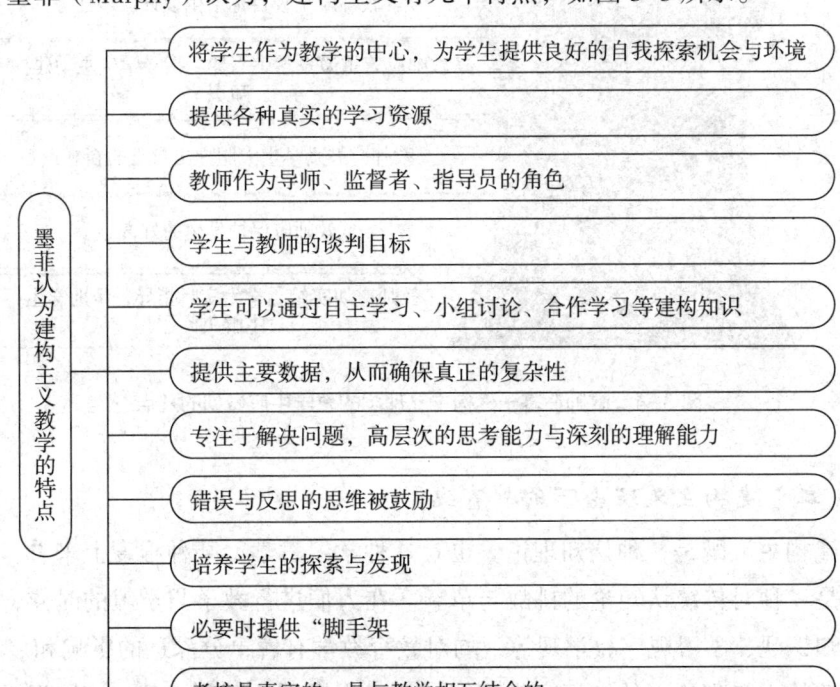

图3-3 墨菲认为建构主义教学的特点

建构主义强调学习者在课堂中的中心地位，认为课堂应围绕学习者展开。基于建构主义理念，知识并非单纯通过教师教学而获得，而是由学生自主构建。但并不意味着教师的作用被削弱，相反，教师在课堂教学中依旧占据主要作用。教师作为组织者，能够合理安排教学活动与资源，为学生的知识构建创设良好环境；作为引导者，能在学生探索知识的过程中适时给予方向指引；作为促进者，可激发学生的学习动力与积极性，推动知识构建进程；作为指导员，为学生提供专业的学习方法与策略指导；作为监督员，确保学生在知识构建的道路上不偏离方向，保证学习的有效性。教师的与学生相互配合，能够为学生的知识构建与能力发展服务，与以学习者为中心的课堂理念相辅相成，共同促进高效的教学与学习。具体而言，在基于建构主义理念的教学中，教师应做到几点，如图3-4所示。

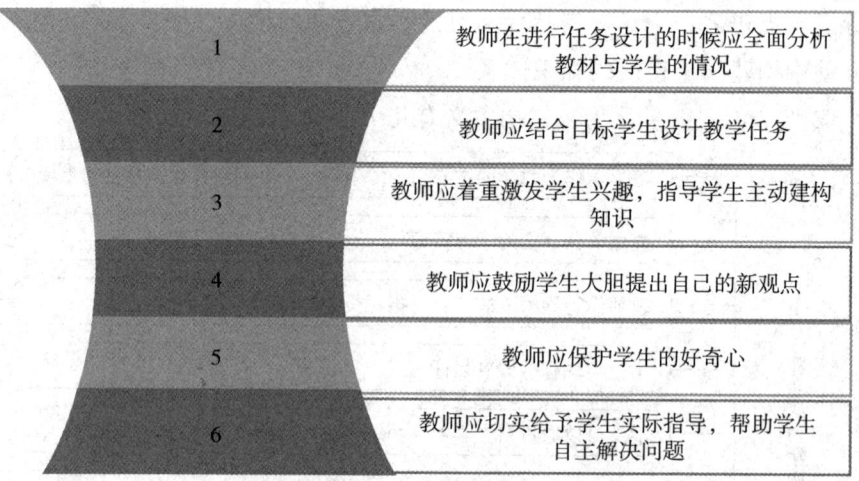

图3-4　教师在基于建构主义理念的教学中应做到的几点

（二）建构主义理论下的教育观

建构主义既是一种认知理论，也是一种学习哲学。某种程度上来看，建构主义是一种对传统认知论的挑战与革新。在人们进行教学与学习的时候，建构主义知识观、学习观、教学观等，均对教育教学有着十分深远的影响和启示。

建构主义理论下的知识观为理解学习过程提供了深刻视角，该知识观强调学生以自身现有的知识经验和信念为起点，主动对新信息进行筛选与加工，以此构建独特的理解，同时促使原有知识经验系统不断更新，明确了学生作为独立个体在学习中的核心地位。学生拥有独立的思维和想法，其对知识的认知并非凭空产生，而是基于自身过往经验逐步发展，这与机械的"复制和粘贴"式学习大相径庭。在社会持续进步和发展的背景下，知识处于动态变化之中，学生需不断进行知识建构以适应新情况。在教育领域中，建构主义理论下的知识观启示教师应关注学生的个体差异和已有经验，激发学生的主动学习意识，引导学生积极参与知识构建过程，培养其批判性思维和创新能力。建构主义理论下的知识观也提醒教育者要不断更新教学内容和方法，以满足学生在不同阶段对知识建构的需求,推动教育向更加注重学生自主学习和终身发展的方向迈进。①

建构主义学习观强调了在具体的教学活动中,应在教师的指导下,将学生作为中心部分。学生们在参与学习的过程中,除了需要面对新接收的信息意义,从而进行积极建构,更需要积极改造与重组原有的经验。

换而言之,学生在知识学习的过程中应不断对知识进行编程,并且全面结合自身的实际需要,基于现有的经验,主动选择、加工与处理所学知识,以此建构属于自身特有的知识经验。并且要求教师在教学中积极建构包括情境、合作等要素的学习环境,为学生创设与现实生活比较接近的情境,令广大学生能够在情境中经历假设、尝试和探索,同时结合师生、生生间的合作与会话,选择、加工、处理外部的信息,对每一名学习者的思维成果进行共享,最终,有效实现意义建构的目的。

建构主义教学观聚焦于学习者,高度重视学习者的主体性与选择性,明确要求将教学重点置于学习者而非教师,摒弃简单粗暴的"灌输"方式。以学习者原有的知识和经验为新知识学习的基石,引导其在既有基础上构建全新的知识经验体系。建构主义理念强调了学习者在学习过程中的主动参与和积极建构,利于激发学习者的学习兴趣和创造力。而建构主义理论下的评价观的意义同样不容忽视,它主张将"结果式评价"转变为"过程式评价",实现评价主体多元化、评价方式情境化以及评价内容全面化。过程式评价关注学习者的学习过程,能够更准确地反映学习者的成长与进步。多元化的评价主体包括教师、同学以及学习者自身等,可提供多维度的反馈。情境化的评价方式使评价更贴近实际学习情境,全面化的评价内容则涵盖知识、技能、态度等多个方面,促进学习者的全面发展。

(三)建构主义理论影响下的教学

1.基于建构主义理论下的课堂教学设计原则

(1)以学生为中心的原则。建构主义理论强调教师应充分激发学生在学习过程中的主动性,让学生积极主动地参与到学习活动中,展现出主动性精神。在建构主义理论下,学生不再是被动的知识接受者,而是主动探索知识的主体。并且强调了教师要为学生提供丰富多样的机会,使他们能够在不同情境下

---

① 张芳芳.基于建构主义的大学英语混合式教学研究[M].北京:九州出版社,2022:6.

运用所学知识。学生通过实际应用能够更好地理解知识的内涵和价值，同时能提高知识的迁移能力。教师要引导学生形成对客观事物的独立理解，并促使他们根据自身的行为去寻找解决实际问题的方案，进而完成自我反馈，自我反馈机制能够帮助学生及时发现自己的不足，调整学习策略，不断提升学习效果。

（2）协作学习的原则。建构主义者认为，学习者与周围环境的互动直接影响了其对于学习内容的理解。在课堂教学中，学生之间的相互交流和意见交换能够促进知识的共享和深化。教师应组织和指导学生成立学习小组，营造协作学习的环境，包括教师和每个学生在内的学习小组的思想和智慧可以被整个小组共同分享。实际上，是整个学习者群体共同完成了所学知识的意义建构，而非个别学生。协作学习既能够培养学生的团队合作精神和沟通能力，还能拓宽学生的思维视野，促进知识的多元融合。

（3）学习环境设计的原则。建构主义视学习环境为学习者自主探索与学习的空间。此环境需配备丰富资源，如文本、视听材料、多媒体课件及互联网等，以助力学生达成学习目标。其作为教学支撑与促进之地，旨在充分激发学生的学习潜能，推动学生在多元资源交互中构建知识体系，彰显学习环境设计在教育中的作用。建构主义理论指导下的教学设计聚焦于学习环境而非教学环境的设计，良好的学习环境能够激发学生的学习兴趣，提供丰富的学习资源，满足学生的个性化学习需求。教师应精心设计学习环境，为学生创造一个有利于知识建构的氛围。

（4）完成意义建构的原则。在建构主义学习环境中，学生处于核心地位，是认知主体与意义建构的推动者，其意义建构成为学习终极指向。传统教学设计起始于教学目标分析，而在此则转变为创设意义建构情境。从学生自主探索到合作学习，再到教师辅导，各环节皆以"意义建构"为轴运转。所有学习活动均服务于该中心，旨在助力学生高效完成并深入知识意义建构，既重塑了教学流程，也从根本上变革教育理念，引导教育向深度知识内化与个体认知塑造迈进。意义建构是学生将新的知识与已有知识经验相结合，形成新的认知结构的过程。意义建构能够使学生真正理解知识的本质和内涵，实现知识的内化和应用。

2.基于建构主义理论下的教学方式

建构主义在教育领域的理论内涵呈现多维度的深度与广度，其秉持个体自我发展与教师外部引导并重的理念，深刻重塑教育角色格局。教师角色转型意义非凡，从单纯的知识灌输者蜕变成为学生知识建构的全方位助力者，通过提供元认知与心理测量工具，引导认知策略运用，为学生的知识探索搭建坚实框架。而学生则被赋予知识建构的主体责任，以全新学习与认知策略投入学习，借助实验、合作等多元途径深入理解知识意义，彰显其积极主动性。课堂情境性的凸显促使教师着力营造优质学习情境，以任务驱动学生成长。评价体系的革新更是关键，从统一量化测试转向诊断反思性评价，激励学生自我监控与完善，推动教育从结果导向迈向过程与能力培育导向，为教育现代化进程注入强大动力，开启教育发展新范式。

建构主义理论下的教学模式聚焦学习核心，教师角色多元，借情境、合作与对话等要素，构建适宜环境。学生在此环境中，主动性、积极性与开拓精神得以充分释放，积极投入知识建构。建构主义理论下的教学模式打破传统教学局限，以学生为中心，促进知识的深度理解与有效整合，为教育教学注入新活力与新思维。具体而言，基于建构主义理论下的教学模式如下。

（1）支架式教学模式。支架式教学模式来自于维果斯基"最近发展区"理论，支架式教学模式的重点是构建概念框架，如同为学生工建立攀登知识高峰的"脚手架"。教师依据学习者理解需求精心构建框架，发挥自身的引导效能。在教学实践中，教师细致拆解复杂任务，引领学习者循序渐进深入探究。支架式教学模式精准定位教学与发展的关系，借助框架支撑，逐步提升学生智力层级，使教学始终引领发展进程，有效推动学习者从现有水平跨越至更高发展阶段，为知识获取与能力提升开辟有效路径。

支架式教学是一种具有深刻内涵与严谨结构的教学模式，其各组成部分协同作用，明显影响了实践教学成效。搭建脚手架环节，教师精准聚焦于学习者的最近发展区构建概念框架，界定了学习的范畴与路径，是整个教学活动得以有序开展的关键前置条件。当学生进入情境独立探索阶段时，他们置身于特定的问题情境之中，主动对知识展开探索与学习。学生对概念属性的确认与排序过程，是其深度认知知识结构的有效途径。教师在此过程中巧妙地从多到少提供帮助，逐步培育学生的自主探索能力，使学生在脱离教师直接辅助时仍能凭借前期积累的经验与思维方法在概念框架内持续前行，无疑极大地强化了学生的独立思考与问题解决素养。而合作学习环节则进一步拓展了教学的深度与广度，学生间的思想碰撞、观点交融，可能引发对所学概念全新的认知与理解，使得概念的内涵与外延在群体智慧的作用下得到丰富与优化，从而让知识体系更加完整、有序。

（2）抛锚式教学模式。建构主义理论认为，如果学生想要实现知识意义的建构，则需要深刻理解事物的本质与规律、自身个其他事物间的关系等。所以，比较有效的方式是令学生体验与感受在一个现实世界的实际环境，而非聆听相关经验的介绍与解释。

具体而言，抛锚式教学模式聚焦于学生自主获取直接经验以开展知识学习，核心目的在于激发学生内在学习需求，将学生置于完整且真实的学习情境里。借助嵌入式教学以及学习社区成员相互间的沟通互动，形成识别目标的完整流程。此过程中，个体亲身体验与主动学习成为提出并达成目标的依托，有力地推动学生从实践感知迈向知识的深度建构，彰显独特的教育教学价值与实践导向。

抛锚式教学以真实事件或问题为基础，此方式犹如抛下一个坚固的锚，一旦确定了相关真实事物或问题，整个教学内容与过程便得以明确。如同船只被锚固定，教学活动围绕着特定的真实情境展开，使学生在具体的情境中进行学习和探索。抛锚式教学方法强调了学习与现实生活的紧密联系，能激发学生的学习兴趣和主动性。锚定指令主要由几个部分组成，如图3-5所示。

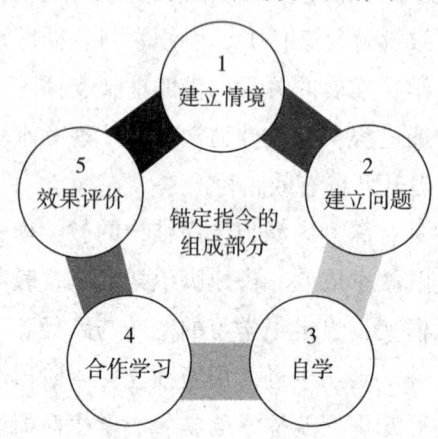

图3-5　锚定指令的组成部分

（3）随机存取教学模式。随机存取教学模式作为一种高级学习的教学方式，具有独特的学术价值。学习者在随机存取教学模式下能够结合不同方式和路径，自主、自由地进行相同教学内容的学习，学会站在不同的角度上充分了解、掌握相同事件或者问题，所以被称为"随机存取教学"。该教学模式主要来自于建构主义理论中的认知弹性理论分支，目的在于有效促进学习者自身的理解能力与知识迁移能力提高。由于时间和目的方面存在着一定的区别，随机存取教学从不同的角度上对学生提出了具体的要求，这些要求的核心指向是增强学生的理解能力与知识迁移能力，根本依据是知识灵活性理论。

　　在知识建构的进程中，因事物与问题的繁杂性，深度洞悉其内在本质及相互关联颇具挑战。学生欲达成知识意义的完备构建，多元视角的思考不可或缺，以此获取多维度理解。故教学应具灵活性与多样性，于不同时空情境、怀揣各异目的，以多种形式展现相同教学内容，促使学生在丰富的学习体验里，冲破认知局限，深化对知识体系的全面掌握与精准内化，提升知识运用与迁移能力。随机存取教学模式打破了传统教学的单一性和固定模式，让学生在多样化的情境中接触知识。随机存取教学模式为学生提供了更加灵活和多元的学习体验，促使学生积极主动地探索知识，培养学生的批判性思维和创新能力。通过在不同情境中接触相同教学内容，学生能够更好地理解知识的多面性和灵活性，提高知识的迁移能力，为应对复杂多变的现实问题奠定基础。随机存取教学涉及五个部分，如表3-2所示。

表3-2　随机存取教学的五个部分

五个部分	详细描述
第一部分 是介绍基本情况	在第一部分中，教师需要向广大学生展示和当前研究主题密切关联的情况
第二部分 是随机学习	教师应在这一部分中，为学生呈现与当前研究课题不同的、与侧向性质相关的情况。此过程重在于培养学生的自主学习能力，一步步引导学生学会自主学习
第三部分 是思维发展的训练	因随机存取的内容往往比较复杂化，其中研究的问题涉及方方面面，所以，教师应在教学的过程中对学生的思维能力加以培养。教师在课堂中向学生提出的问题不能只是单纯的知识性问题，而是应该提出利于推动学生认知能力发展的问题。并且教师需要注重学生思维模式的培养，引导学生形成发散性思维，全面掌握学生的思维特点
第四部分 是小组合作学习	这一部分中，小组成员针对不同侧面所获得的理解展开积极的讨论，每一名学生的观点都应通过由所有学生与教师建立的社会咨询环境而进行调查与评论，且每一名学生都应思考、反映他人的观点
第五部分 是学习效果评价	此部分包括了学生的自我评价与群体评价两方面，学生所评估的内容基本上与脚手架指令方法中所评估的内容是相同的

二、基于建构主义理论的日语教学策略——以日语口译教学为例

（一）打造良好的教学情境

因为口译具有一定的特殊性，学生需要身处于比较真实的情境之中亲身参与，才可以达到比较理想化的学习效果，所以日语教学中，教师为学生营造逼真的口语场景，能够有效促进学生日语学习质量的提高。教师在教育教学中创设情境，可借助现有的多元教学手段营造贴合实际的场景。通过引入新闻时事解说、会议视频等素材作为训练资源，能够有效构建起富有启发性的教学情境。此举措赋予了学生更为自主灵活的学习空间，使其得以依据自身独特的学习需求与节奏开展知识探索，而且能显著优化课堂教学任务的布局，提升课堂的综合运用效能，促进教学效率的提升。教师在日语教学中，可让学生准备口译材料配合教学，有助于拓展学生的知识边界，激发学生主动涉足广泛知识领域的内在驱动力，有力推动自主学习能力的进阶。并且能够有效弥补传统教学内容可能存在的封闭性弊端，使教学内容体系更加多元、灵动，进而有效激发学生的学习热情与参与积极性，有效提高教学效果。

（二）采取小组合作学习模式

鉴于语言类学习对表达练习的高度需求，教师可适时为学生搭建练习平台。依学习者实际状况开展小组学习辅助教学，按水平分组可促进成员间的互促共进。如以小组形式推进课前预习与课堂操练，能保障学生全员深度参与口译练习，有效提升口译训练成效，推动语言学习从个体认知迈向群体互动式的能力强化，优化语言学习生态与教育教学效能。小组合作学习能激发学生的学习积极性和主动性，培养学生的合作精神和沟通能力，促进学生语言技能的提升和知识的建构。同时，教师在小组合作学习中应发挥引导和监督作用，确保学习活动的有效进行。

在教师实施小组合作的过程中，可以细分成组内合作、组间合作两种形式。组内合作的形式可以打打促进学生学习参与度的提高，拓展教学的受众面。过去，教师通常在课堂教学中无法全面顾及到每一名学生，而组内合作的形式可以改善这一问题，并且使学生在小组内积极进行交流互动。学生在参与相互讨论、分享经验和知识时，能够更好地理解口译内容，提高口译技巧。组间合作则可以锻炼学习者的社交能力，不同小组之间的交流与合作，使学生接

触到更多的观点和方法，拓宽视野，培养团队协作和沟通能力。教师还可以为各组分配不同的任务，让各组根据自己的资料进行交流训练，从而掌握新知识。为提高学生的学习热情，任务的制定可以结合当下热点或学生喜爱的剧本形式进行，如此的任务设计更具吸引力，激发学生的积极性和创造力。口译工作是"再现—整理—表达"的过程，对学习者个人的逻辑思维与应变能力有较高要求。教师在教学实践中以项目式、任务式的方式引导学生进行这一过程，并为学习者创建交流平台，能够有效提升口译效果。教师融合项目式、任务式教学，让学生在实际情境中进行口译练习，提高解决问题的能力和应对复杂情况的能力。交流平台的创建则为学生提供了分享经验、互相学习的机会，促进口译水平的共同提高。

（三）应用综合性效果评价方式

对于学生的日语口译学习成果评价，教师应从多个方面进行综合考量，如学生的学习态度、学习表现与参与程度等。在评价方式上，需遵循多样化原则，实行多种评价方式并行，包括教师评价、小组互评、自我评价。教师评价可从专业角度对学生的口译准确性、语言表达等方面进行评判；小组互评能促进学生之间的交流与学习，培养合作精神；自我评价则有助于学生自我反思与提升。多种评价方式的组合应用，能够全面、客观地评价学生的日语口译学习效果，为教学调整提供有力依据，同时能激发学生的学习动力，促进学生在日语口译学习中不断进步。

第四节
语用学理论在日语教学中的实际应用

一、语用学理论的基础概述

(一) 语用学的起源与其发展

美国逻辑学家莫里斯于 20 世纪 30 年代提出了语用学的名称，1977 年，《语用学杂志》在荷兰创刊，1986 年，成立了国际语用学会。[①] 20 世纪 80 年代，语用学发展成熟，其研究议题和范围不断扩大。从广度上看，语境、言语行为、指示语、会话含义、会话结构等成为重要研究内容，涵盖了语言使用的多个方面。从深度上看，研究内容不断深化。例如，格赖斯于 1967 年提出会话的合作原则，但后来发现有些话语故意违背合作原则而无法用其解释。于是，利奇于 1983 年提出礼貌原则及次准则作为补充和修正。随着认知理论的发展，斯帕波和威尔逊于 1986 年提出以认知理论为基础的关联原则，1991 年列文森全面提出新格赖斯语用机制，拓展了语用原则的适用范围。

国内语用学始于 20 世纪 80 年代，起初外语界率先对语用学进行研究，随着理论影响扩大和研究深入，汉语界也结合语用学理论展开对汉语语用学的研究，内容主要集中在面向外语教学的语用学研究、语用学理论研究和汉语语法与语用研究，并与语文教学结合，不断扩大语用学理论适用范围。语用学的发展对语言学及相关领域产生了深远影响，在理论层面丰富了语言学的研究内容和方法，为语言的理解和运用提供了新的视角。语用学通过对语境、言语行为等方面的研究，揭示了语言在实际使用中的复杂性和多样性，使人们对语言的本质有了更深入的认识。语用学在教学方面，为外语教学和语文教学提供了理论指导。而在外语教学中关注语用能力的培养有助于学生更好地理解和运用外语，提高跨文化交际能力。在语文教学中结合语用学理论可以引导学生理解语言的实际运用，提高语言表达和理解能力。

不仅如此，语用学在翻译、文学研究等领域也具有一定的应用价值。在翻

[①] 汪婷婷. 语用学理论与应用分析 [M]. 北京：冶金工业出版社，2021：2.

译中，考虑语用因素可以使译文更准确地传达原文的意义和风格。在文学研究中，分析作品中的言语行为和会话含义可以深入挖掘作品的主题和人物形象。

（二）语用学的基础定义

语用学理论的复杂性使得全面准确地定义它变得困难，语用学涵盖众多层面和因素，涉及语言使用的各个方面，包括说写者的表达、听读者的理解、语境的作用、语言形式和策略的选择等。语用学成为独立学科的时间相对较短，仍处于不断发展和深化的过程中，许多未知领域有待探索，从而增加了定义的难度。何兆熊在《新编语用学概要》中罗列了十多条20世纪70年代至80年代出现的语用学定义，但这些定义都未能做到全面系统且被大多数学者专家认可。例如冉永平教授在《语用学：现象与分析》中对语用学的定义，强调了语言使用的实用学性质，研究话语在应用中的语境意义或特定语境条件下的交际意义，以及意义的产生和理解、语言形式和策略的恰当选择和使用。

语用学在语言研究领域中体现出了重要的地位，王建华教授对其的定义深刻地揭示了语用学的核心内涵，即聚焦于动态语言应用中说写者与听读者所涉及的语用意义，包括其实现与变异过程。这一研究范畴凸显了语用学对语言交际过程中多元因素的重视，尤其是语境的关键作用。通过将话语、语用主体和语境有机结合，深入探究语言理解与表达的内在机制，剖析特定语境下话语的精确含义以及言内与言外之意的生成条件，以话语意义为核心构建起系统的研究体系。而王元华教授从语义学与语用学对比的视角进一步明晰了语用学的边界，强调其在具体语境中对语义运用以达成交际目的的研究侧重。这两种定义方式相互补充，共同勾勒出语用学丰富而复杂的学科轮廓，使其在语言科学体系中与语义学等学科形成鲜明区分又相互关联的关系，为深入理解语言运用规律、提升语言交际效果以及推动语言相关学科发展提供了坚实的理论基石与研究导向。

二、语用学理论在日语教学中的实践应用——以日语翻译教学为例

语用学起源于美国哲学家莫里斯对符号学的三分法，其主要聚焦语言的使用与语言使用者之间的关系。随着学科的发展，语用学不断拓展研究领域，逐渐与翻译学、应用语言学等其他学科相互渗透。在当前翻译领域，语用翻译作为一种新的模式出现，与语义翻译相对应。语用翻译关注如何在翻译过程中处

理语用学问题,旨在实现源语言和目标语言在语用层面的等效传递,要求译者除了准确传达原文的语义内容,更要考虑语言在特定语境中的使用、文化背景以及语言使用者的意图等因素。语用翻译的应用能够更好地促进不同语言和文化之间的交流与理解,提升翻译的质量和效果,为跨文化交际提供有力支持。语用学在翻译领域的应用,为翻译理论和实践带来了新的视角和方法。

(一)语境与翻译方式

境作为语言使用或交际的特定环境,对话语意义的恰当表达和准确理解起着关键作用。在翻译这一复杂的语言转换过程中,语境的重要性更是得以充分凸显。纽马克对语境于翻译关键意义的强调,确立了语境在翻译领域的核心根基地位。在语用翻译范畴内,深入探寻语境关联并展开演绎推理,是精准复现原文风格与信息的有效路径。译者唯有全面且准确地剖析话语的语言与非语言语境要素,方能深刻洞悉原语意图,从而在目的语转换中达成表义的精确性。此过程涉及对语言深层结构与语义内涵的深度挖掘,以及在不同文化语境间的灵活调适,为翻译实践提供了科学且系统的理论导向,有力推动翻译质量的提升与跨文化交流的有效达成。语言语境包含词汇、语法、语义等多个方面的因素。译者在进行翻译时,必须综合考虑这些因素,以便在翻译中做出恰当的选择。准确把握语境能够帮助译者更好地理解原文的含义和风格,选择合适的翻译策略和表达方式,使译文更加自然流畅、忠实准确地传达原文的信息。

翻译以各种方式呈现,然而无论何种形式,语言、情境、文化等各类语境因素都必然对翻译内容的准确性产生影响。语言语境因素涵盖词汇的搭配、语法结构以及语言的习惯表达方式等,不同的词汇搭配可能赋予词语全新的含义,语法结构的差异也会影响句子的整体意义和表达重点。情境语境因素则涉及交际的具体场景、参与者的关系以及交际的目的等,特定的交际场景会决定语言的使用风格,参与者的关系会影响语言的亲疏程度和礼貌程度,而交际目的则引导着语言的选择和表达方向,文化语境因素更是深刻地影响着翻译的准确性。不同的文化背景下,相同的事物可能具有不同的象征意义,特定的文化习俗和价值观念也会影响语言的表达和理解。译者应综合分析语境中一系列的语用因素,深入分析人们的词语使用能力,从而在译文中完美、精准地呈现原文中表达出的各种意图。

(二)语言行为理论与翻译方式

奥斯丁的语言行为理论具有开创性意义,该理论将语言研究从传统的语法研究中分离出来,着重从立足语言实际的角度去剖析语言的真正含义。这一转变为语言研究开辟了新的路径,使人们更加关注语言在实际交际中的运用和功能。在言语交际中缺乏语境时,人们通常难以对间接言语行为产生深入理解。究其原因在于不同的语境下,同一个句子可以表示不同的言语行为。并且汉语与日语作为两种不同的语言,在相同的句子中可以表示不同的语言行为。例如,在日语中,否定疑问句常常用于表示"邀请""建议"等言语行为,此时话语的字面意义背后隐含着另一层更为深层的意义。译者在翻译过程中面对这样具有特定语言行为的话语时,必须充分结合语境进行理解。只有通过对语境的深入分析,正确判断说话人的真正意图,才能够在译文中准确地表达出该话语间接实施的真正言语行为,进而实现译文的语用语言等效。如果忽视语境,仅仅从字面意义进行翻译,很可能会导致误解或不准确的表达。所以要求译者要具备扎实的语言功底,并且需要对两种语言所涉及的文化背景、交际习惯等有深入了解。通过结合语境分析间接言语行为,译者可以更好地传达原文的意义和意图,提高翻译的准确性和质量。

有一种观点认为译者在翻译时,只需根据原文的字面意义翻译出来,目的语读者或听者可根据语境推导出说话者的言语行为,如"拒绝"。然而,这种方法存在一定局限性。以日语为例,在表示邀请时,直接询问对方的欲求被视为不礼貌行为,这则要求译者在翻译时认真研究原文的暗含用意,力求使译文真实表达出作者的意图,不能单纯按照字面将邀请语句直译为目的语,而要考虑到日语中特殊的表达习惯,进行适当的调整和转换,以符合目的语的文化和表达规范。在日语的人际表达情境中,下对上的称赞呈现独特模式,常借"受到恩惠"与"表示感谢"之形式展现。此现象凸显日语里语言形式"礼貌"与语用意义"礼貌"的非一致性。特定场景之中,即便运用敬语等礼貌语言形式,若引发听者不适,便会偏离自然表达范畴。从而揭示了日语表达中,语用意义受诸多因素制约,除了需考量语法规范与词汇选择,更需兼顾文化背景、人际关系等元素对语义传达及接受效果的影响,彰显日语语用研究的复杂性与多元性。这与汉语的表达习惯存在较大差异,在汉语中,直接的称赞可能被视为真诚和自然的表达。

汉日两种言语在言语行为方面存在诸多差异,而由于学习日语的时间尚短,很多学生难以体会这些差异。教师有必要把这种言语行为的语用差异通过举例子的方式明确告诉学生,教师可以列举一些日常对话、商务谈判、文学作品中的例子,对比汉日两种语言在邀请、称赞等言语行为上的不同表达,让学生直观地感受差异。同时提醒学生在翻译的时候多加注意,避免因受汉语母语的影响而导致语用失误。教师还可以引导学生进行对比分析和实践练习,提高学生对汉日言语行为差异的敏感度和翻译的准确性。

(三)关联理论与翻译方式

教师应以关联翻译理论的视角为出发点,积极研究、探讨在日语翻译教学中,怎样将一些翻译策略教授给学生,在较大限度上避免或者弥补文化意象翻译中一些可能会出现的文化亏损现象,如表3-3所示。

表3-3 基于关联理论的翻译方式

翻译方式	具体描述
直接翻译方式	直接翻译方式的核心在于译文保留原语形象,关键前提是于原文与译文认知语境里觅得相似或相同文化意象。鉴于我国古典书籍在日传播广泛,日本受众对古汉语典故接纳度较高,中日读者认知语境存在共通假设。在此情形下,运用直接翻译法可精准传递作者信息与交际意图。此过程需译者深度洞悉两国文化底蕴与语言内涵,巧妙跨越文化差异,使译文既忠实于原文风貌,又契合目的语受众的阅读习惯与文化预期,促进跨文化交流的有效达成
直接翻译添加注释方式	当原文现阅读难点时,于直接翻译之上加注,可助读者跨越文化与知识隔阂。此方式要求译者精准判断难点,巧妙运用注释补充背景、文化或语义信息,既保留原文精髓,又为读者理解译文开辟通路,提升翻译的有效性与可读性
直接翻译加修饰语方式	汉日认知语境中文化意象若有错位,译者运用直接翻译加修饰语方式,以修饰语弥合差异。精准选择修饰语可调整文化内涵,使译文既忠实反映原文意图,又贴合目的语读者认知,促进文化交流中意义的准确传递与理解融合
直接翻译增加隐含意义方式	译者凭借百科知识,在译文中添入源语文化意象隐含意义,助目的语读者深入理解异文化,突破文化壁垒,实现跨文化交流中意义的有效传达与文化内涵的传递
音译方式	当译者采用音译的翻译方式来传达文化意象的时候,十分有必要关注其可接受性。否则,需要为音译加上适当的注释,从而便于译文读者的接受

续　表

翻译方式	具体描述
直接翻译与间接翻译并用方式	直接翻译与间接翻译并用的方式对处理典故翻译极具价值，当单纯直接翻译难以完整呈现作者意图时，此综合法应运而生。直接翻译忠实传递信息意图，间接翻译则精准传达交际意图。译者需精准剖析典故内涵，巧妙融合两种翻译策略，以确保译文既保留原文精髓，又能使目的语读者深刻领会作者意图，促进文化内涵在跨文化交流中的有效传递与深度理解

现如今，是一个我国与外国文化交流逐渐频繁、深入的时代，在语言翻译实践中，遇到和文化有关联的事物的概率比较高。所以需要在翻译的过程中灵活应用有关的翻译策略，尽可能准确地在翻译的过程中传达原文意义，推进跨文化交际活动的顺利进行。

第五节　元认知理论在日语教学中的实际应用

一、元认知理论的基础概述

（一）元认知的概念

认知这一概念由弗拉维尔（FLavell）提出，起源于对"记忆的记忆"的深入研究，元认知涵盖两个主要方面。一方面，元认知体现为个体关于自己的认知过程、结果以及任何有关事物的知识。这意味着个体不仅对自己在认知活动中所经历的步骤、所获得的成果有清晰认识，还对与认知相关的各种事物有着一定的了解。个体通过积累这些知识，能够更好地理解自己的认知能力和特点，为后续的认知活动提供基础。另一方面，元认知指个体对自己产生认知的全过程进行主动监控、调整结果以及协调整体过程，此过程凸显了个体在认知活动中的主动性和自我调节能力。个体能够实时关注自己的认知进展，根据实际情况调整认知策略，以达到更好的认知效果。元认知被概括为"个体对自己认知状态和过程的意识和调节",从本质上看,它是认知主体对自身心理状态、能力、认知目标以及认知策略的再次认知。这种再次认知使得个体能够站在更高的层次审视自己的认知活动,及时发现问题并进行调整。元认知主要由三个方面组成:元认知知识、元认知体验和元认知监控。

元认知知识作为有关认知的知识,其产生源于主体的经验积累,涵盖了关于认知活动的一般性知识内容。具体而言,元认知知识包括对影响认知活动的各类因素、这些因素之间的相互作用以及最终作用结果的认识。在认知过程中,元认知知识为个体的认知活动提供了必要的背景知识和框架,使个体能够更好地理解认知任务、选择合适的认知策略,并对认知过程进行有效的监控和调整。了解元认知知识,能够帮助个体更好地把握认知活动的规律,从而更有效地进行学习和思考。主体在从事认知活动时,元认知体验随之产生。其呈现形式极为丰富,可能处于主体能够清晰察觉的状态,也可能隐匿于下意识层面。内容上,既可以简单明了,也可能复杂多变,其中对知与不知的体验尤为关键。从发生时间来看,可在认知活动的不同阶段出现,无论是开始之前的期待与准备,过程中的感悟与调整,还是结束后的反思与总结。积极的元认知体验具有强大的推动力量,能够激发主体的认知热情,使主体以更饱满的状态投入到认知活动中,并且充分挖掘主体的认知潜能,促使主体更加主动地运用各种认知策略,从而提高认知加工的速度和有效性。教师通过对元认知体验的深入研究和把握,可以更好地理解认知活动的内在机制,为优化认知过程、提升认知效果提供有力的理论支持和实践指导。比如,在解决复杂问题时,积极的体验能让主体更投入,更有动力去探索多种解决方案。而消极的元认知体验可能会使主体产生焦虑、沮丧等情绪,影响认知活动的进行。元认知监控策略分为制订计划、执行控制、检查结果和采取补救措施四种。制订计划为认知活动确定方向和步骤;执行控制确保认知活动按计划进行;检查结果能及时发现问题;采取补救措施则可以对出现的问题进行修正。一系列的监控策略能够使主体更好地管理自己的认知过程,提高认知活动的质量和效率。

（二）元认知理论的基本结构

研究者在有关于元认知理论的结构方面各有看法,弗拉维尔提出"元认知知识"与"元认知体验"是元认知理论的两个重要组成部分。我国研究者一般认为,由元认知知识、元认知体验与元认知监控共同构成了元认知理论,三者之间相互作用、密不可分。

1. 元认知知识分析

元认知知识指的是个人具备的有关于影响自身的认知过程和结果的多种因素，有关的因素之间的相互作用与其影响方式的知识。主要包括了有关于人作为认知加工者的有关特征的知识，具体可以细分成如图3-6所示的几点。

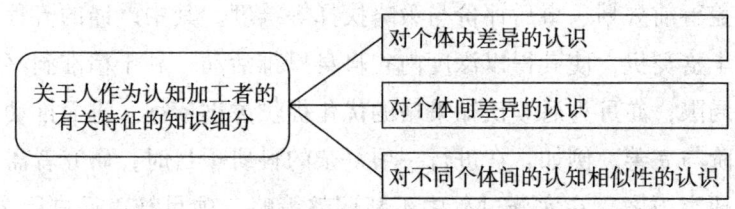

图3-6 关于人作为认知加工者的有关特征的知识细分

元认知知识源于对他人的观察以及自我内省，进而形成对人类认知普遍规律的认知。元认知知识使得个体在应对各类认知任务时，具备更广阔的视角来审视自身认知过程，以便更好地调整策略与方法。就认知材料和认知任务而言，主体必须明晰材料的诸多特性，如性质、顺序、熟悉程度、逻辑特点以及主观呈现方式等因素，皆会对认知活动的进程与结果产生影响。同时，不同的认知任务有着不同的目标和要求，准确把握这些差异，能助力主体更具针对性地开展认知活动。关于认知活动中的策略知识是认知主体在完成认知任务时所必需的关于认知策略的知识内容，其中包括达成特定认知目标可运用的策略、每种策略的优势与不足以及如何正确使用这些策略等方面。策略作为提升认知活动效率的重要手段，其丰富多样的特性为主体提供了多元选择。比如在记忆不同类型的知识时，可以根据具体情况选择联想记忆、分类记忆等不同策略。认知主体、认知任务、认知策略这三个方面的知识共同构建了认知主体的元认知知识结构，元认知知识作为元认知理论的基础支撑，为个体的认知发展与提升奠定了坚实基础。它促使个体能够更加理性地规划认知活动，有效监控和调节认知过程，从而持续提高认知的质量与效率。

2. 元认知体验分析

元认知体验指的是主体在具体从事认知活动的时候所产生的情感认知与认知体验，可能会被主体清楚地认识到，也可能是一种下意识的体验或者感受。其中包含了已知的体验，也给包含了未知的体验，内容上可以是简单的，也可以是复杂的，时间可长可短。

在认知活动的复杂体系中，主体的情感体验呈现出多元且动态的特征。焦虑与失败预期相连，喜悦同成功预感相伴，成功与失败经历分别成为经验与教训的源泉，这些情感交织于认知进程。元认知体验则在特定工作场景中凸显，尤其在一些需高度自觉思维驱动的任务里。此类任务对主体提出了系统的思维要求，涵盖事前规划、事后评价与策略抉择等维度。其中严谨的流程架构为主体创设了丰富契机，使其得以深度内省自身思维活动，利于精准洞察认知过程的效能与局限，亦可为后续认知策略的优化提供关键依据，进而推动认知能力的持续进阶与完善。例如，在进行一项复杂的科研项目时，研究者需要在前期精心规划研究方案，在实施过程中不断调整策略，项目结束后进行全面总结。研究者在此过程中会经历各种元认知体验，如面对难题时的焦虑、取得阶段性成果时的喜悦等。

元认知体验是元认知理论的驱动力，能够促使主体更加关注自身的认知过程，不断反思和调整认知策略。积极的元认知体验能够增强主体的认知动力，激发其进一步探索和学习的热情。而消极的元认知体验则可以促使主体反思问题所在，寻找改进的方法。主体通过对元认知体验的关注和分析，能够更好地理解自己的认知特点和需求，从而有针对性地提升认知能力。

3. 元认知监控分析

元认知监控指的是主体在进行认知活动的时候，以自己正在进行的认知活动为意识对象，积极、自觉对其进行监视、控制的过程，元认知监控主要涉及四个方面，如表3-4所示。

表3-4 元认知监控涉及的方面

元认知监控的流程	具体分析
制订计划	依据活动目的要求，全面构思各类问题解决途径，严谨预估其有效性，进而精准筛选最优策略，构建合理计划架构。此过程彰显前瞻性思维，为认知活动的高效推进奠定坚实基础，确保资源合理配置与目标精准达成
执行控制	依据既定目标计划，严密且实时地监控、评价与反馈活动状况。一旦察觉偏差或不足，即刻精准修正与调适认知策略，确保活动沿着预期轨道行进，以实现认知效率的优化

续 表

元认知监控的流程	具体分析
检查结果	结合有效性标准评判认知行动与策略成效，对照目标评估活动完成度，精准预估达成水平。此过程能科学总结经验教训，为当前认知闭环提供反馈，并且能够为后续活动积累宝贵参照，推动认知能力持续提升与完善
采取补救措施	结合对认知活动反馈的结果检查，比如，在发现问题以后，则需要及时采取相对应的补救性措施，以弥补自己的失误

在认知活动的实际进程里，元认知的三个重要组成部分——元认知知识、元认知体验和元认知监控，共同构建起一个具有高度自我意识和自我调节能力的开放动态体系。三个要素之间存在着紧密的联系，彼此相互依存、相互制约。主体所积累的元认知知识能够在认知过程中发挥引导作用，助力认知主体对认知策略进行合理的选择、准确的评价以及适时的修改。元认知体验为认知活动注入了丰富的情感和认知反馈，对元认知监控的方向和力度产生重要影响。而元认知监控又依据元认知知识和体验不断调整认知活动的进程，以确保认知活动能够高效、准确地推进。同时，元认知知识也能帮助主体理解元认知体验的含义。例如，当个体了解不同认知策略的优缺点后，在面对具体任务时，就能更好地监控自己的思维过程，选择合适的策略，并理解在这个过程中产生的各种体验。

积极的元认知体验能为有效的元认知监控提供动力，促使主体更加积极地调整认知策略。比如，在学习新的知识领域时，成功的体验会增强个体的自信心，促使其更加主动地运用已有的知识去探索新的认知领域，进而丰富和完善元认知知识结构。元认知对元认知知识水平造成了一定程度上的制约，持续对相关的元认知知识进行检验、修正，以完善主体的元认知知识结构。在具体认知活动当中，元认知监控和元认知体验紧密相连。当主体在解决复杂问题的过程中，元认知监控促使主体不断调整策略，而这个过程中产生的各种体验又会进一步影响元认知监控的方向和力度。

在翻译教学中，语境、言语行为理论、关联理论等语用学理论的重要性不容忽视。为了丰富翻译教学的内涵，教师将语用学相关理论引入是十分必要的举措。此做法能够为学生开拓崭新的翻译视野，给予有效的翻译策略。在课堂中实施实际的翻译训练，运用学生先翻译、教师后讲评修改的方式，可逐步培育学生的语用翻译思维。学生在进行翻译时，需从语境层面深入剖析原文，充分激活已掌握的词汇、语法以及文化等各类知识，持续探寻不同元素之间的联系，灵动地运用语用翻译方法，以达成良好的语用等效效果，使学生深刻理解不同语言的特质与关联，提升他们在跨文化交流场景中的翻译水平。此类教学方法能够提高学生的翻译能力和跨文化交际能力，帮助他们更好地适应全球化时代的翻译需求。

（三）元认知的培养途径

实际上教师开展教学活动的过程包含了各种的认知过程，目前，我国对元认知进行了大量的研究，发现了元认知在语言理解、写作、记忆等方面都有着关键的作用，元认知的培养主要包括了下面几点。

1. 元认知知识的完善

完善学生的元认知知识比较利于学生学习能力与认知水平的提升，具体可以从以下几个途径着手。

（1）加强学生对自身认知特点的认识和意识。在实践教学的过程中，教师应有意无意地指导学生主动尝试多元化的学习方法，让学生正视自身的不足，并使其正确了解自己的认知优势，从而科学选择更加适合自己的学习方式。有些学生善于通过阅读来获取知识，而有些学生则更倾向于通过实践操作来理解概念。了解自己的认知特点，有助于学生在学习中发挥优势，弥补不足，提高学习效率。

（2）增强学生对影响学习任务或目标因素的意识。教师应着重培养学生对学习任务的性质、特点和要求的意识性，引导学生学会合理分配学习时间。例如，当学生清楚地认识到某一学习任务的难度较大、时间紧迫时，他们会更加自觉地调整学习策略，合理安排学习时间，提高注意力，以确保任务的顺利完成。

（3）提高学生的认知策略水平。认知策略包含多个层面，如明确的定义、特定的适用范围、具体的使用方法以及恰当的应用时机等。当学生充分理解并掌握这些认知策略的相关内容后，他们在知识获取方面将更加高效，同时能够将已学策略灵活迁移至新的情境中加以运用，以顺利达成任务目标。布朗所提出的"感受自控训练法"为学生提供了一条可行的学习路径。借助这一方法，学生能够明确在不同情境下应选用何种策略，并理解其背后的原因。通过让学生进行针对性练习，使其熟悉不同策略及其使用条件，可极大地充实学生的元认知知识储备。元认知知识的丰富能够增强学生对学习过程的自我监控与调节能力，使他们在面对各类学习任务时表现得更加出色，提升学生的学习能力和问题解决能力，为其未来的学习和发展奠定坚实基础。

2. 元认知体验的丰富

元认知知识固然重要，但仅拥有元认知知识远远不够，学生更迫切地需要不断充实自身的元认知体验。元认知体验能够直接作用于学生对任务目标的确定，当学生在进行学习活动时，元认知体验会在潜移默化中影响学生个体的元认知知识与元认知策略的生成。教师在教学过程中需要专注于教学内容的传授，并且应积极地积累能够引发元认知体验的情境。教师通过精心设计教学活动、创设特定的问题情境等方式，促使学生产生丰富的元认知体验。当学生拥有丰富的元认知体验时，他们能够更好地将所学知识运用到实际问题的解决中，真正做到学以致用。学以致用的体验会极大地激发学生的学习兴趣，使学生以更加积极主动的态度投入到学习中。丰富的元认知体验有助于学生提升自我认知水平，更加清晰地了解自己的学习状态和需求。同时能够促使学生不断调整和优化自己的学习策略，提高学习的效率和质量。

3. 元认知监控能力的提高

元认知监控并非单纯依靠学生个体的内部反馈来实现，外部环境在其中所发挥的作用同样不容忽视。当学习环境与教学氛围适宜时，教师能够借助外部反馈来影响学生的内部反馈，从而有效提升学生的元认知监控水平。一个积极、互动、富有启发性的学习环境，可以激发学生的学习动力和自我反思能力，促使他们更加主动地进行元认知监控。心理学家指出，迁移是一种学习对另一种学习的影响，而学生的迁移水平在一定程度上反映了其元认知水平。具有较高元认知水平的学生，能够更好地识别不同学习任务之间的相似性和差异性，从而更有效地进行知识迁移。当学生具备较强的元认知监控能力时，能更好地实现知识与技能的迁移。学生在学习新的学科知识时，可运用已有的元认知监控策略，对新的学习任务进行规划、监控和调整，从而提高学习效率。学生通过提高元认知监控能力，能够更加自主地管理学习过程，适应不同的学习情境，为终身学习奠定基础。

二、元认知理论在日语教学的实践应用——以日语初级听力教学为例

（一）元认知理论应用于日语初级听力教学的指导性意义

元认知理论作为元认知知识、元认知体验和元认知监控的有机动态结合，本质上是人对认知活动的自我意识和自我控制，元认知理论在日语初级听力教学中有着指导性意义。

听力本质上是一种有目的、积极提取有效关键信息的行为，听力理解需要听力活动主体对输入的语言信息进行解码、加工、意义重构和输出，在此过程中离不开主体的积极参与。对于语言教师而言，在语言学习的初级阶段，教会学生如何听、如何学以及用正确的思维习惯和方式合理规划、监控、评估学习过程，远比单纯传授一种语言技能更为关键。

具体来说，元认知理论能彻底激发学生的内在动力和学习热情。学生在元认知的指导下，能够自觉主动地设置学习目标。他们会根据自身的实际情况和学习需求，明确在日语初级听力学习中想要达到的具体目标，如听懂日常对话、理解简单的听力材料等。接下来，学生可以制定学习方案，合理安排学习时间和学习步骤，选择适合自己的学习内容，如不同难度的听力材料、听力练习方式等。且学生还能设计学习环节，例如在听力练习前进行词汇预习、听力过程中注意关键信息的提取、听力后进行总结反思等。他们可以根据自己的学习进度和实际效果，灵活调整学习进度，对于掌握较好的部分适当加快进度，对于存在困难的部分则放慢节奏进行重点突破。不仅如此，学生能够评价学习效果，结合自我检测、与他人对比等方式，了解自己在日语初级听力方面的进步和不足，以便进一步改进学习方法。

（二）元认知理论应用于日语初级听力教学的流程设计

1. 教学的课前准备

课前准备阶段是整体教学过程的前倾性准备阶段，更是确保教学模式得以顺利实施的关键步骤。教师在课前准备环节中应先对学生的知识掌握程度以及听力理解能力等方面进行综合性评估，从而为后续的授课和课程设计提供重要依据。教师通过了解学生的现有水平，能够更好地把握教学的起点和难度，使教学内容更贴合学生的实际需求。而且，教师需要对课本中具体涉及的内容、文化背景等进行全面剖析与梳理，从而深入理解教学材料，挖掘其中的教育价

值和文化内涵。同时,将课程教学内容与学生的认知水平、知识结构等相互联系起来,科学、合理地选择授课的难易程度。这一过程需要教师充分考虑学生的实际情况,避免教学材料过于简单或过于困难。如果教学材料过于简单,学生可能会采用较为简单的学习策略和方式,难以激发其思维的深度和广度;而如果教学材料过难,学生可能会缺乏思考时间,导致运用的策略不恰当,影响学习效果。并且应引导学生了解听力材料的内容,使学生掌握每节课的教学目标,有效调动学生学习的积极性,让学生能够切实结合自身的实际水平与情感接受能力,自主制定短期的学习目标与实施方案。学生在明确教学目标的基础上,能够更加主动地参与学习,提高学习的针对性和有效性。

2. 教学的过程指导与监控

教学过程阶段不仅是教学的实际施行阶段,更是教师检验学生学习成效的一个方式,过程监控远非简单的课堂提问检查可比。在此阶段,教师需对学生的课前准备状况给予精准且详尽的引导。当学生能够落实自己拟定的学习计划,并对学习进程展开有意识的自我监控时,会带来诸多积极效应。其一,学生的自我监控能为教师减轻部分课堂教学压力,使教师无须在维持课堂秩序以及督促学生学习方面投入过多精力。其二,学生的自我监控为教师观察和监测学生学习情况创造了条件。教师可借此更深入地了解学生的学习状态与需求,进而拥有充足时间针对不同学生开展分层次的讲解与教学。如此,利于提高教学的针对性和有效性,满足不同学生的学习需求,从而更好地实现教学目标,提升教学质量。教师应重视教学过程中的指导与监控,以促进学生的有效学习和全面发展。

语音识别是听力理解的基础,学生只有准确识别语音,才能进一步理解其含义。选择注意力则帮助学生在众多信息中聚焦关键内容,提高听力效率。词义猜测使学生在遇到陌生词汇时,能够通过上下文等线索推测其意义,不至于因个别词汇而影响对整体内容的理解。逻辑推理有助于学生在听力过程中理清思路,把握内容的发展脉络。图解速记则为学生提供了一种有效的记录和记忆方式,便于后续的复习和总结。教师引导学生合理利用这些策略并进行有效的调节和监控,能够帮助学生充分利用课堂之外的自学时间。学生在自学时运用有关的策略可以更加自主地进行听力练习,提高听力水平。且学生结合自我监控,可以及时发现自己在听力理解中的问题,并采取相应的改进措施。

3. 教学的课后评估与调节

学生完成每一节课的学习计划后，其对该阶段学习过程的自主评价与反思占据着核心地位，此环节能够切实地将学生每一个阶段的教学目标达成情况与教学效果直观地反映出来。自主评价与反思是学生对自身学习的深度审视，此过程可以使学生清晰地认识到自己在知识掌握、技能提升以及学习方法运用等方面的优势与不足。在教学的课后评估与调节阶段，教师应高度重视对学生自主反思的引导，教师要指导学生主动对自身的学习过程进行反思、分析与评价，帮助他们建立起自我认知的意识和能力，使学生能够更加理性地看待自己的学习成果。而且教师的指导可以促使学生从更专业的角度去分析学习过程中的问题，找到问题的根源所在，使学生思考自己是否已经达到了最初设定的学习目标，或者在本节课的学习过程中还存在着怎样的不足之处或者问题等，从而使学生及时查漏补缺，为步入下一阶段的学习奠定基础。

在教学的课后评估与调节阶段中，是否采用了合适、准确的方式，将会直接关系到整体教学模式的顺利实施。如果学生对于自身的学习效果有着过高的评价，则可能使学生养成不良的学习习惯。如果学生对自身的学习效果有着过低的学习评价，则容易使学生降低学习的积极性与兴趣。对此，教师应在教学的课后评估与调节阶段中，对学生的自我评价情况进行有效监控，以帮助学生正确评价自我。

（三）元认知理论应用于日语初级听力教学的实施细节

1. 以"听力日记"辅助学生学习

日语初级听力教学过程中，教师为实现积极有效的课后管理和整体把控，可采用建立"听力日记"的方式辅助学生学习。要求学生每天进行至少30分钟听力练习，并在完成后对学习过程进行分析评价，涵盖目标完成度、练习中问题、薄弱环节以及自身想法和改进措施等，以"听力日记"形式呈现。教师能借此对学生学习情况进行实时监控，了解学生在听力练习中的具体进展和遇到的困难。教师可通过分析"听力日记"，针对不同学生的问题和需求，提供个性化的指导和建议。学生在记录"听力日记"的过程中，也能更加深入地反思自己的学习，增强自我认知，明确自身的优势和不足，从而更有针对性地调整学习策略，提高听力学习的效率和质量。

2. 激发学生学习的兴趣

对于刚步入大学的新生来说，初次接触听力时，常常会遭遇诸多难题。由于日语语速较快，再加上存在弱化、拗音、音变等语音现象，学生容易心生畏惧、紧张乃至产生疲惫之感。此时，教师需要充分尊重学生的认知发展规律。首要任务是消解学生的不安与焦虑等负面情绪，为学生构建相对轻松的学习环境。为达成这一目标，教师可以引导学生选取自己感兴趣的内容开展听力练习，使学生能够更加积极主动地投入到听力训练当中，提升学习的主动性。将任务目标设定为能够听准发音并记录自己学过的词汇，可助力学生在语音阶段实现平稳过渡。如此，既契合学生的实际能力水平，又能让学生在逐步完成任务的过程中树立自信。

当学生选择自己感兴趣的内容时，他们的主动性和积极性会得到提升，更容易投入到听力练习中。同时，较低的任务目标减轻了学生的心理负担，让他们在逐步完成任务的过程中建立自信。如此可以有效激发学生对语音听力训练的兴趣，学生在轻松的氛围中，以自己感兴趣的内容为切入点，逐渐适应日语的语音特点，为后续更深入的听力学习奠定基础。教师在教学过程中应持续关注学生的学习状态和兴趣点，不断调整教学策略，以更好地激发学生的学习兴趣，提高语音听力教学的效果。

3. 督促学生语言知识的积累

在学生进行基础日语听力训练的过程中，教师应把重心放在培育学生的元认知意识以及激发学生的主观能动性方面。不过，其中的难点在于对学生完成情况的有效监管。为攻克这一难题，教师可以在课程教学活动启动之前，对即将呈现的生词、句型以及听力要点等进行全面且系统的梳理与归纳，接着将其发放给学生。如此可为学生指明学习的方向，激励学生依据自身实际状况拟定合理且科学的学习计划。同时，学生也能够学会依据具体情况灵活地调整学习进度，从而更好地适应学习需求。教师可以运用随堂小考等形式来查验学生跟读练习的完成状况，促使学生树立正确的学习态度，让学生更加关注学习过程中的各个环节。教师通过这种具有针对性的监管与查验，能够使学生更加积极主动地投入学习，持续积累语言知识。随着语言知识的不断累积，其听力水平也会逐步提升。

第四章　日语课堂教学评价与课堂教学质量提升的策略

本章对日语课堂教学的过程进行解析，明确各个环节的特点与作用，为后续的评价与质量提升奠定基础。接着，阐述日语课堂教学评价的实施策略，包括评价的实施原则与实施策略，以确保评价的客观性和有效性。最后一节重点介绍日语课堂教学质量的有效提升策略，从教师自身素质提高出发，分析了教师自身具备创新性的日语教育教学理念和完善的日语知识能力结构，研究了教师如何为学生营造良好的日语课堂学习环境，为提高课堂教学质量提供切实可行的途径。

第一节 日语课堂教学的过程解析

一、课堂教学的基础概述

（一）课堂教学的基本定义

课堂教学是教育体系中一种比较常见的方法，教师在课堂教学中能够向学生传授知识与技能。通常情况下，课堂中的各个教学环节都是密切相关的，如教师传授知识、学生学习与问答、课堂中使用的各种教具等。课堂教学往往被称为"班级上课制"，是将知识水平、年龄相仿的固定群体集合在一起，结合既定的教学内容，灵活选择适当的教材与教学方式，安排固定的教学时间，面对集合在一起的学生而进行授课活动。

（二）课堂教学的主要原则

1. 具备正确的教学理念

教师作为课堂教学的主导者，应对学生进行有效指导和组织，其教学水平与业务素质影响了课堂教学的效果与质量。教师需不断提升自身业务素质和教学水平，积极参加各种理论培训与实践教学。参加理论培训能让教师接触到前沿的教育理念和教学方法，拓宽教学视野；实践教学则给予教师检验和应用这些理论的机会，促使教师在实践中不断反思和改进。只有成长为业务素质高、基本功扎实且创新意识强的优秀教师，才能更好地应对教学中的各种挑战。教师不能安于现状，不能以老套眼光看待新问题，不能仅仅满足于完成教学大纲内容，而应不断学习，准确把握学生心态，了解学生是否有学习意愿以及是否主动学习等。如此一来，教师才能根据学生的实际情况调整教学策略，激发学生的学习兴趣，提高教学的针对性和有效性。

2. 组织教学的严谨性

组织教学指的是教师在课堂教学中应尽可能集中学生注意力、兴趣点与思维的一种方式，并且需要教师始终贯穿执行组织教学。组织教学是一种比较严谨的教学方式，主要表现在三个方面。一是要求教师在向学生传递知识的过程中，应始终端正态度，教师应认真对待每一次备课，从而确保教学内容应具有科学性与实用性。其二，要求教师在教学过程中应具备一定的严谨性，教学的整体过程应衔接自然、思维流畅。其三，要求教师严格管理教学对象，无论是学生回答问题还是练习实践，甚至是学生的坐姿神态等方面都有着一定的要求，在出现任何问题的时候，教师都应及时、巧妙处理，使课堂纪律更加具备严谨性。

3. 提倡创新课堂教学的方式

新课程改革以改变学生学习方式为基础，提出了探索学习、合作学习等诸多新型的学习理念。毋庸置疑，学生是教学活动中的主体部分，所以在新课程中，从学生学习的方方面面都比较注重其亲身参与，使学生结合自身的实际情况制订合适的学习计划，从而有效完成学习的任务。教师为了将新课程教学的要求真正落实到课堂教学活动中，有效引导学生实现合作学习，促使不同层次的学生都可以主动、积极参与到学习活动中，所以需要引导学生在合作进行学习的时候明确分工，有效增强学生之间的相互交流。教师可以实施情境设置、提出问题等方式，使学生能够更加主动、积极地探索答案，不断推动学生知识水平的有效提高。

4. 创设民主和谐的课堂教学环境

一个人的创造力在"心理安全"和"心理自由"的条件下才能得到最大限度的发展，教育学相关研究也表明，人们在心情愉悦、心理放松的状态下更易激发思维火花，产生创新想法。因此，为学生营造相对宽松、愉快的课堂氛围势在必行。课堂教学氛围首先必须是民主的，民主的氛围能让学生感受到自己在学习过程中的主体地位，敢于发表自己的观点和见解。学生不再是被动的接受者，而是积极的参与者，能够充分发挥自己的主动性和创造性。其次，要对每个学生保持基本的尊重，不能任意践踏他们的自尊。对学生的每一次进步都予以肯定，能增强他们的自信心和学习动力。当学生感受到被尊重和认可时，会更加投入到学习中，努力提升自己。

提高课堂教学效率需要教师具备多方面的能力，教师必须采用有艺术技巧的教学语言，使教学内容更加生动有趣，吸引学生的注意力。选择灵活多变的教学手段，满足不同学生的学习需求，激发学生的学习兴趣。将真实情感倾注于教学中，能与学生建立良好的情感连接，增强教学的感染力。运用策略性的教育方式，能够根据学生的实际情况进行有针对性的教学，提高教学的有效性。这些都是对教师综合实力的评价标准，然而，具备这些功底并非一蹴而就，需要教师长期的经验积累和不断地自我提升。

（三）课堂教学的过程分析

教学的过程实际上是开展教学活动的整体过程，也就是教师按照既定的教学要求与目标，充分结合学生自身的发展特点，基于一定的教学条件，巧妙应用合适的教学工具与教学方法，向学生传授知识，使学生能够在此过程中获得认识世界的观点，并且不断促使学生提升自我的过程。一直以来，人们都在探索教学的过程，且伴随着时间的推移，对教学过程的多元化与复杂化形成了一定的认识，它是一个认知的过程，同时也是一种心理成长与社会化发展的过程。对此，可以将教学的过程视为综合了心理过程、认识过程与社会化过程的系统。

教学作为一种有目的、有计划的活动，是按照一定的阶段进行的，教学过程结构研究的核心课题在于探寻教学过程中各个阶段或分节的合法则性顺序。纵观教学论的发展历程，有三种代表性观点值得深入探讨。

以赫尔巴特为代表的传统教学阶段论，基于对心理学的深入研究，将教学过程划分为明了、联合、系统、方法四个阶段。这一阶段论在一定程度上为教学提供了清晰的步骤指导，有助于教师有条不紊地组织教学活动。

美国教育家杜威提出的现代教学阶段论，反对赫尔巴特对现成知识的灌输，倡导问题解决学习。杜威认为教学必须依据以下阶段展开：从实际生活经验的情境中形成问题，使得学习与学生的生活紧密相连，激发学生的学习兴趣和探究欲望；观察、调查问题，认清问题症结所在，培养学生的观察能力和分析问题的能力；收集解决问题所需的资料，锻炼学生的信息收集和整理能力；考虑各种解决方案，加以研究，并做出假设，激发学生的创造力和批判性思维；最后实际应用并验证假设，让学生在实践中检验自己的想法，提高解决问题的能力。

德国学者于20世纪60年代提出的教学阶段理论融合了上述二者之长，该理论认为教学过程大体包括：引起学习动机，通过各种方式激发学生的学习兴趣，为后续的学习奠定基础；分析问题与课题的目标与条件，认清矛盾与难题所在，把握其真正意义上的问题，理解课题，使学生明确学习的任务和方向；

探讨适当的解决原理、可能的解决方法及手段，计划解决的行动，培养学生的思维能力和解决问题的策略；实施解决行动的计划以实现问题与课题的目标，让学生在实践中运用所学知识；检验、评价、总结学习的结果，使之进一步进行反复练习与应用练习，帮助学生巩固知识，提高学习效果。

中外学者对于教学过程具体分为哪些阶段有着大量的论述和验证，在一定程度上反映了教学规律，为教师开展和组织教学提供了有益的参考。然而，教学过程的阶段划分不能过于死板和绝对。上述提到的教学过程阶段主要从技能和知识等方面进行阐述，具有一定的局限性，不能全面和系统地代表教学过程阶段的所有内涵。教学过程并非仅仅是知识技能的传授，它还包括将知识运用到实践操作中，提升学生的智力和动手能力，以及在思想道德方面对学生进行培养。教学过程是由不同层面组成的有机整体，不能机械地将其割裂开来。教师在实际教学中应综合考虑各种教学阶段理论，根据教学内容、学生特点和教学目标，灵活地组织教学过程。既要注重知识的传授和技能的培养，又要关注学生的实践能力和思维发展，并且要重视学生的思想道德教育。创设丰富多样的教学情境，引导学生积极参与学习活动，激发学生的学习动机和兴趣。此外，教师要关注学生的个体差异，因材施教，满足不同学生的学习需求，还应及时对学生的学习进行评价和反馈，帮助学生了解自己的学习进展和存在的问题，以便调整学习策略，提高学习效果。

二、外语课堂教学过程的基本阶段

在外语课堂教学的过程中，比较常见的教学手段有接受式与探究式，因此产生了两种教学过程的基本阶段，如表 4-1 所示。

表4-1　外语课堂教学过程的基本阶段

教学过程的基本阶段	具体阶段	详细描述
接受式教学的基本阶段	准备阶段	准备阶段的主要工作是创设一种教学的环境，争取更加吸引学生的注意力，令学生能够产生浓厚的学习兴趣，并激发学生的学习动机，为学生后续的学习创造基础条件，该阶段需要教师明确认识教学的目标，并且积极收集有关的教学资料，充分利用多元化的教学方式，并适当组织学生进行提前准备，使学生能够对基础性的知识具有一定的了解，把握学生的心理状态
	感知阶段	如果想要使学生对知识产生比较深入化的理解，则必然需要具备一定的感知能力。感知指的是由感觉器官获取教学的内容，并且产生基础的情感认知与理性认知。一般情况下，人们能够感知到的对象有符号、文字、图像与动作，此阶段需要教师综合选择感知对象，将需要感知的内容与符号相结合，激发学生的兴趣，使学生学会主动进行观察，并且促使学生进行全面化的感知，最后形成了一定的表象。教师在此阶段中应引导学生细致地进行观察与思考，辨别事物的特征，令学生能够在进行感知的过程中紧紧把握本质、核心的内容，从而使学生获取准确、清晰的感知
	理解阶段	理解是需要学生概括性地、初步地了解现象和过程间存在的相互联系，了解其结构、成分与意义等，对事物形成整体的、科学的理性认识，需要结合抽象思维与形象思维。教师在引导学生理解教学内容时，应指导学生自主进行分析、比较与综合，从而使学生掌握一定的技能知识
	巩固阶段	此阶段是学生通过实际应用和练习手段，加深记忆已形成的知识体系，并且稳定情感认知的过程。学生的巩固程度主要被以下两个方面所影响：一是在以上阶段中学生的理解认知水平；二是在后续的教学活动中开展。巩固阶段一般是教师安排、布置课后作业，以促进学生理解、掌握所学知识，并且进一步使学生深化印象，针对教学过程中的薄弱环节，教师应采取适当的方式不断进行完善，使学生经过大量的训练与练习，对知识的掌握更加深刻、彻底
	运用阶段	此阶段是"学以致用"的阶段，指的是教师引导学生在巩固知识的基础上，不断进行实践拓展、延伸、巩固，使学生加强对教学内容的掌握程度。教师在运用阶段中应尽可能为学生创造更多的机会，为学生提供实践操作的平台

续 表

教学过程的基本阶段	具体阶段	详细描述
发现探究式教学的基本阶段	设置问题情境	在教师开始教学时，结合实际教学内容创设一种学生与现实生活经验密切关联的教学环境，从而唤起学生学习的积极性与兴趣
	探索发现问题	教师在确定问题情境所引发思考的主题以后，应为学生提供一些有助于形成概括性结论的实例，不断引导学生对各种现象的显著特点进行观察，并且尽量缩小观察的范围，使学生能将注意力集中在某一个中心点上。并且应收集足够的资料，从而应对由问题所引发的各种思考
	建立模型	此阶段中需要学生观察、思考，应用一些必要性的资料，提出有效解决问题的各种可行的条件，引导学生在实际学习的过程中，通过比较、分析来转换、组合各种信息，从而提出模型，再推断、整理、排列模型。在此阶段中，教师可以采用小组合作、独立思考等多种模式，使学生学会交流沟通或者尊重他人的看法，令学生能正确认识自我
	验证假说	在实际运用的过程中验证假说是否正确，或者进行必要性的纠正，并归纳整理所取得的进展，形成简单的书面材料或者口头报告材料，最终，通过同化或者顺应来处理最终的成果，使之能够成为自己认知结构的有机构成部分。教师在此过程中应重点考虑如何引导学生思考、讨论，使学生学会思考的方法
	运用结论解决新问题	引导学生将所学习或获取的新知识，通过自己发现得出的结论纳入自己的认知结构中，并且在新的问题情境中加以应用，从而不断使其巩固、深化，形成迁移的能力

在当前的外语课堂教学中，接受式和发现探究式教学都是重要的类型，为了有效提高教学质量，应恰当选择和使用这两种教学模式。因此，有必要深入了解它们各自的特点。接受式教学有利于提高学生掌握语言文化知识的效率，使学生快速获取知识，提升学习能力。此教学方式对教育设施的要求相对不高，具有广泛的适用性，因而获得了教育界的普遍认可。发现探究式教学则较好地体现了学生的主体地位和主动作用，教师在实施发现探究式教学模式时，学生能够自己发现问题，积极寻找解决问题的方法，通过此过程获得知识积累并提高智力水平。当学生适应这种模式后，能够更好地形成知识的迁移运用能力。如果学生在学习中体验到趣味性，将极大地促进他们主动学习和积极学习。

目前，外语课堂教学中最适用的模式应该是结合接受式教学和发现探究式教学的综合方式，取二者之长，去二者之短。一方面，通过接受式教学让学生快速接受知识，为后续的学习和探索奠定基础；另一方面，融入发现探究式教学，培养学生探索发现的意识，提高学生独立发现问题和解决问题的能力。两种教学模式的结合能够显著提高教学效率，从而促进学生全面发展。

三、不同类型日语课堂教学的过程

（一）接受式课堂教学的过程结构

我国日语课堂教学实践中应用接受式教学模式是比较广泛的，通常情况下，将以下几个环节作为教学过程。

1. 组织教学过程

课堂组织教学过程的主要目的是做好上课的准备工作，并将学生的注意力集中起来，稳定学生的学习情绪，使全班学生都能够积极投入学习活动当中。组织教学是课堂教学中的核心环节，教师应善于组织学生听课，以确保课堂教学工作的顺利实施。组织教学能够在课堂的一开始就集中学生的注意力，使学生将目光放在学习上，组织课堂教学经常采用的方式如图4-1所示。

图4-1 组织课堂教学经常采用的方式

一般情况下，组织教学占用课堂时间比较少，当学生集中注意力以后，能够立刻进入学习状态，不会大量拖延课堂的时间。

2. 复习、检查过程

复习、检查环节的目的主要有以下四点。其一，教师通过检查学生作业，检验学生是否按要求完成任务，从而了解学生的学习态度和学习进度。其二，课后练习能够有效地复习和巩固以往所学内容，加深学生对知识的掌握和运用程度。其三，教师在检查的过程中可以发现学生的知识薄弱点和不足之处，以便进行有针对性的查漏补缺。其四，将新旧教材进行衔接，为学生的新课学习做好基础工作。

复习、检查阶段是整个教学阶段的一个过渡性环节，具有双重作用既能使学生对已学知识进行复习、巩固，促使学生将知识内化，将词汇和句型的练习方式多样化，如听写、替换、扩展等，而课文复习则可采用对话、回答和背诵等方式。还能使学生在已学知识的基础上引出新的知识点，为后续学习做好铺垫。然而，这一环节的四项任务并非每节课都必须全部做到，教师应根据实际情况进行选择或有所侧重。

教师对学生课后作业完成程度的检查主要通过提问方式进行，包括全班提问、个别提问、综合提问和并行提问等。全班提问是教师面对全班同学进行口头提问，教师提出问题后，全班学生都要进行思考，然后教师指定一个学生回答。全班提问方式能调动全班学生积极参与思考，增加练习的人次和数量。虽然最后只有一个学生回答问题，但实际上每个学生都有被点名的可能。个别提问是教师先指定一名学生，然后进行提问，有利于教师有针对性地对学生提出问题。综合提问是将全班提问和个别提问结合起来，被教师点名的学生只回答一部分问题，其余部分由全班学生思考回答。综合提问方式既具有个别提问在内容上的针对性，又具有全班提问在形式上的全面性，有利于调动全班学生参与思考，集中学生注意力，能让教师比较正确地把握学生的日语掌握程度，在日语课堂教学且班级人数较多的情况下比较适用。并行提问是教师在同一时间向两位或两位以上的学生进行提问，例如同一个问题让三个学生分别以不同方式解答。从实质上讲，并行提问就是综合提问，具备综合提问的优势。

3. 宣布新课课题与教学目的的过程

明确新课任务能让学生清楚本节课的具体行动方向，知晓在课堂上该做什么，并在教师的指导下尽力去完成任务。教师应以肯定的语气向学生宣布教学目的，如"今天我们讲……学习第……页第……课、从……到……的内容。同学们要掌握……学会……"这种明确的表述方式，使得师生在下课之前能够回顾和检查是否达成了既定目的。现代心理学表明，目的是激发学生学习动机的诱因。只有学生清楚一堂课的教学目的，才能调动积极性，为实现目的而努力学习。当学生明确了学习目标后，会更有针对性地投入学习，主动采取相应的学习策略和方法。且明确的教学目的也为教师的教学提供了清晰的导向,使教师能够围绕目标组织教学活动,提高教学的有效性。

4. 讲练新材料的过程

日语课程的核心部分是讲解与练习日语材料,教师在讲解新语言知识前,应综合考虑教材的内容、教学的目标以及学生的综合水平,切实选择较为合适的教学方法与教学手段,还要适当选择练习的形式。在讲解新材料的时候,也应遵循一定的规律,由易到难、由浅入深。

教师在讲解完新材料以后,应巩固学生的实际掌握程度,帮助学生建立知识体系。因此,教师在日语课堂教学中应引导学生不断加大练习的力度,督促学生理解新的知识点,并且使学生在实际练习中,不断提高自身应用材料的能力。

5. 巩固新材料的过程

巩固的主要方式是练习,此阶段的练习与讲练时的练习既有联系又有区别。联系在于它们都是为了帮助学生掌握知识,而不同之处在于巩固阶段的练习对学生知识的熟练程度要求更高。如果是记忆部分,速度要求比讲练时更快,并且需要为学生预留足够的时间进行练习。此安排能够有效地提高课堂教学效果,同时减轻学生的作业负担。学生在充分的练习中,可以更好地内化新知识,提高运用知识的能力。教师可以通过练习来了解学生对新材料的理解和把握程度,但检查环节也是不可或缺的,检查主要针对成绩水平在中等以下的学生进行。因为如果中等水平以下的学生都能较好地掌握新学知识,那么基本可以确认大部分学生已经掌握,从而可以判定教学目标基本完成。有针对性的检查方式能够更准确地了解学生的学习情况,及时发现问题并进行调整。

(二)探究式课堂教学的过程结构

探究式教学模式又被称为了"研究法""发现法",指的是学生在进行概念或者原理学习的时候,教师只为他们提供一些问题或者事例,使学生在自主进行阅读、观察、思考等过程中,不断进行独立探究,是一种学生自主发现并掌握相关原理与结论的方式。探究式课堂教学的指导思想是基于教师的指导下,将学生作为主体,使学生能够主动、自觉地展开探索,并掌握认识与解决实际问题的方法、步骤,使学生针对客观事物的属性展开研究,同时积极发现事物发展的起因与事物内部所存在的联系,让学生能够从中探索规律,进而形成自己的概念。由此可以看出,在教师实施探究式课堂教学的过程中,加强了学生的主体地位、自主能力等。

1. 以情境创设激发学生自主探究的欲望

创设情境式教学具有诸多优势,能为学生创造更好的语言环境,让学生如同处在真实情境中,以下是几种创设情境的方式。

(1)创设悬念情境。考虑学生的年龄与心理特点,在引入新课时,依据教学内容创设悬念,以此诱发学生的学习兴趣。例如,在讲解某个语言知识点时,教师可以先提出一个引人入胜的问题或展示一个神秘的现象,让学生产生强烈的好奇心,从而积极主动地参与到后续的学习中。

(2)创设信息情境。在课堂教学活动中,教师提供开放性、生活性、现实性的信息,让学生根据这些信息提出和解决教学问题。创设信息情境的方式可以训练学生的创新意识和实践能力,使每个学生真正感受到学习的乐趣。比如,教师可以展示一段新闻报道、一幅图片或一个生活场景,引导学生从中提取关键信息,运用所学知识进行分析和讨论。

(3)创设生活情境。将语言教学从抽象、枯燥的概念讲解和句型背诵中解放出来,使教学内容和形式更接近现实中的语言交际。教师可以通过模拟生活场景、角色扮演等方式,让学生在真实的情境中运用语言,提高语言运用能力。例如,设置购物、旅游、聚会等场景,让学生进行对话练习,增强语言的实用性。

(4)创设求异情境。教师在教学过程中要激发和引导学生的求异思维,求异思维是一种打破常规法则,从不同角度解读信息、用不同方式分析问题和用不同方法解决问题的思维,也是创造性思维的一种。教师可以在具体示例的基础上提出新的问题,当学生出现求异意识时给予肯定与表扬;当学生找不到求异思路时进行引导和鼓励,使学生勇于面对困难,感受求异思维带来的快乐。

2. 以开放课堂挖掘学生自主探究的潜能

开放课堂是教学过程中比较关键的一个步骤,教师在此环节中的角色是组织者,教师在为学生们找到科学、合理的学习方式,帮助学生制订好合理的学习计划,并且在为学生们提供实验条件以及实验所需的必要材料之后,要求学生自主查阅有关的实验或者资料,为学生提供开放性的课堂学习氛围,使学生能够学会自主找到问题的答案,并且使学生进行自主总结。在学生进行探索的过程中，教师应有意无意地培养学生的团队合作意识，并且对学生的学习结果保持足够的包容性，为学生留出足够的空间与机会，使其尽情阐述自己的想法与见解。

3. 以适时点拨诱导学生探究的方向

教师在课堂实际教学的过程中可以对学生进行适当的点拨或者诱导，潜移默化中锻炼学生自主发现问题的能力，进一步引导学生尝试着自主解决问题，培养学生自主学习的能力。

4. 以课堂合作探究训练学生自主学习的能力

在探究教学的进程中，教师与学生之间形成一种独特的关系，更确切地说，如同引导者与探究者的关系。教师承担着启发诱导的职责，学生则负责对新事物进行探究。教师需准确把握"引"与"探"的平衡尺度，既不能放任学生进行漫无目的复习，也不可过度干涉学生的探究活动。学生在课堂上能够对自学的结果展开交流，在交流过程中不同思维的碰撞常常能激发创造思维的火花。交流的方式丰富多样，可以是自由发言，也可以先进行组内分享，再由代表在班内汇报。这样一来，学生能够充分表达自己的观点和见解，并且能从他人那里获取不同的思考角度和方法。

（三）讲练课课堂教学的过程结构

语言是人们在日常沟通过程中常用的工具，日语同样不例外。日语学习者应深刻理解日语基础知识内容，并且应有着比较充分的语言知识储备，从而有效锻炼自身的听、说、读、写能力。日语教师如果单纯采用讲授式的方法，将会对学生的语言记忆产生不利影响，讲练结合教学的方式更加有利于推动学生日语水平的全面提升，将练习作为主要方式，依靠教师的讲解辅助学生加深记忆。大量的语言练习能够有效促使学生强化对新知识的认识和记忆程度，但是少量的练习则不利于学生牢记所学的知识内容。

若基础日语课有近千个课时，讲练课无疑是最常用且最主要的课型。因此，深入研究讲练课并上好讲练课，利于做好课堂教学、提高教学质量。讲练课由讲与练两个部分组成。在讲的方面，日语语音阶段主要讲授语音知识，进入课文阶段后，则重点讲解词汇、句型、语法和课文。教师系统地讲解这些内容，为学生构建起扎实的语言知识体系。在练的方面，主要是在听、说、读、写的过程中操练语言知识，使学生形成初步的言语技能，帮助学生将所学的知识转化为实际的语言运用能力。除此之外，讲练课还可以进一步细分为语音讲练课、句型讲练课、词汇课文讲练课和语法课文讲练课，不同类型的讲练课有着各自的重点和特点，能够更加有针对性地满足学生在不同学习阶段的需求，提高教学的有效性。

（四）练习课课堂教学的过程结构

练习课也被称为发展口语、笔语能力的课，是基于讲练课来培养学生应用与活用语言材料的能力。一般情况下，练习课被安排在了讲练课后面，没有进行新课的环节，练习课的主要任务是结合口语、笔语的练习，复习巩固、整理学习新的语言材料，进而有效推动学生外语技能的提高，使学生养成良好的语言习惯。练习课课堂教学的效果，主要由练习是否得法而决定，所以教师应结合练习课的目的，按照教学法的实际要求，尽可能组织好练习课活动。

教师可依据遗忘规律以及学生书本所学内容和讲练课的学习情况，编写练习课语言巩固材料。遗忘规律表明，人们在学习后会逐渐遗忘所学知识，因此有计划地进行强化巩固至关重要。教师编写针对性的巩固材料，能够帮助学生更好地复习既往学习的知识。在练习课上，教师可充分利用遗忘规律，对单词进行反复练习巩固。不断重复记忆可以加深学生对单词的印象，降低遗忘率。教师还可以将之前学过的语言材料系统地加入练习课中，这样既能让学生对旧知识进行回顾，又能在新的练习情境中加深对语言知识的理解和运用。

练习课是讲练课练习的继续和进一步发展，虽然与讲练课在部分形式上有重合之处，但练习课在数量和质量上有着更高要求。学生需要在练习课上更加熟练地掌握所学内容，所以学生除了要对知识有表层的认知，更要深入理解并能灵活运用。练习课的形式多种多样，听、说、读、写兼顾，以口语为主，家庭作业则以笔头为主，这种多维度的练习方式能够全面提升学生的语言能力。听和读是语言输入的重要途径，学生借助大量的听力和阅读练习可以接触到丰富的语言素材，增强语感；说和写则是语言输出的主要方式，口语练习能提高学生的表达能力和交际能力，笔头作业则有助于学生巩固语法知识和词汇积累。练习课对系统性的要求更加严格，语言练习和课文巩固在先，让学生通过对课本内容的朗读、复述以及问题解答，加深对已学知识的理解和记忆。随后进行言语练习和脱离课文的训练，使学生能够将所学知识运用到实际的交际情境中。除课本内容的练习外，还需要进行课本之外的交际训练，培养学生的语言实际运用能力。当发现学生对之前所学内容的理解不完全正确时，练习课可以进行补充讲解，采取讲练结合的方式进一步强化。这种灵活的教学方法能够及时纠正学生的错误认识，弥补知识漏洞，确保学生对知识的掌握更加准确和牢固。

（五）复习课课堂教学的过程结构

教师在为学生讲解了几篇课文以后，可以适时为学生安排一定的复习课，日语复习课的主要任务是引导学生系统地整理以前学习过的语言知识，帮助学生加深记忆，并巩固与提高学生的口头、笔头能力。复习课的主要内容有复习语法、词汇与课文，当进入某一个教学阶段以后，学生在学习了大量语法知识或者词汇，难免会出现混淆或者遗忘的现象，为了帮助学生巩固记忆，使学生学会区分容易混淆的语言知识，十分有必要开展语法、词汇复习课。教师可以适当引导学生进行练习，以练习的方式取代重复的讲解方式，加强学生对于已学语言知识的印象。比如，日语教师可以引导学生分类、归纳、整理已经学习过的单词，或者以学生已经学习过的课文为出发点，将知识点综合以后，进一步转化成为语言练习等。再如，当学生们学习过与日本礼仪有关的知识内容以后，鼓励学生们相互用日语介绍登门拜访时应怎样做，或者在与人初次见面的时候应怎样递名片等，复习的过程本质上是一个练习和知识系统化的过程。

复习课与练习课在语言教学中既有相似之处又存在区别，二者皆以练习为主要形式，然而复习课还需对知识进行进一步加工和整理，教师可依据学习内容编写相应复习资料供学生学习。复习课并非单纯重复过往所学语言知识，而是在复习过程中进一步提升运用日语的技能。因此，复习课上同样需要进行练习，例如教师用学生已学过的语言材料改写文章，引导学生进行听力、回答、对话、叙述等练习。如此，学生能够更加深入地理解和掌握语言知识，提高语言运用的熟练度和准确性。复习课的特性使其在语言学习中具有重要地位，能够帮助学生系统地梳理知识，查漏补缺，为学生的语言能力提升提供有力支持。

第二节
日语课堂教学评价的实施原则与策略

一、日语课堂教学评价的实施原则

(一) 以培养高素质人才为目的

许多国家针对教育和学习进行了立法,以确保教育的正确方向。在日本,教师注重学生个性化培养,对20世纪的教育模式进行变革,将目标锁定为提高学生的创造力,使其能够顺应时代潮流。我国出台了《国家中长期教育改革和发展规划纲要(2010—2020年)》。新的教育方案强调,教师在教学过程中应全面贯彻教育方针,培养跟得上时代潮流、更加现代化且与中国未来人才需求接轨的全面发展型人才,提高学生的综合素质。可见,素质培养是教育的根本。

在日语教学中,教师应当因材施教,发现学生的特长。不能局限于考查分数,更要注重考查学生的综合素质。因材施教要求教师充分了解每个学生的特点和优势,针对不同学生制订个性化的教学计划。对于语言学习能力较强的学生,可以提供更具挑战性的学习任务,鼓励他们参加语言竞赛等活动,进一步提升语言水平。而对于在口语表达方面有特长的学生,可以给予更多的口语练习机会和展示平台,培养他们的交际能力。考查学生的综合素质既要关注学生的语言实际运用能力,如听力、口语、阅读、写作等技能的综合发展,结合课堂互动、小组讨论、演讲等活动,锻炼学生在不同情境下运用日语进行交流的能力。还要注重学生的学习态度、合作精神、创新思维等非智力因素的培养,如观察学生在小组合作学习中的表现,评价他们的团队协作能力,或者鼓励学生积极表达,提出不同的观点和解决问题的方法,培养其创新思维。

(二) 明确评价者和被评价者间的关系

在教学中开展评价活动之前,应确保评价者与被评价者,即教师与学生之间的和谐关系。大学生已经成人,他们在生理与心理等方面都已趋于成熟,大多数的学生已经有了一套自己的学习方式,并且具备了一定的人际交往经验,大学生是比较有个性的一个群体，且大多数的学生在此阶段已经拥有了个性化的认知。

学生作为被评价者，应认识到评价是促进自身成长的一个重要手段。学生要积极参与评价过程，对自己的学习表现进行反思。在学习日语的过程中，学生可通过自我评估，分析自己在语言知识掌握、语言技能运用、跨文化交际能力等方面的优势与不足。而教师作为评价者，要明确自己的责任，教师应秉持客观、公正的原则，对学生的学习进行全面、准确的评价。在评价过程中，教师要充分考虑学生的个体差异，尊重学生的个性和学习风格，除了关注学生的学习成绩，更要注重学生的学习过程和综合素质的发展。

在评价者与被评价者的关系中，双方应是相互促进、共同发展的。教师的评价可以为学生提供学习方向和动力，学生的反馈也可以帮助教师改进教学方法和策略。例如，教师可以根据学生的评价调整教学内容和进度，满足学生的学习需求；学生可以从教师的评价中获得学习建议，提高学习效果。且评价过程应是一个动态的、持续的过程，而不是一次性的结论。评价者应关注被评价者的学习进展，及时调整评价标准和方法，以适应不同阶段的学习要求。

（三）多元智能的评价标准

多元智能理论认为，评价多元智能的方式应满足三个标准，如图4-2所示。

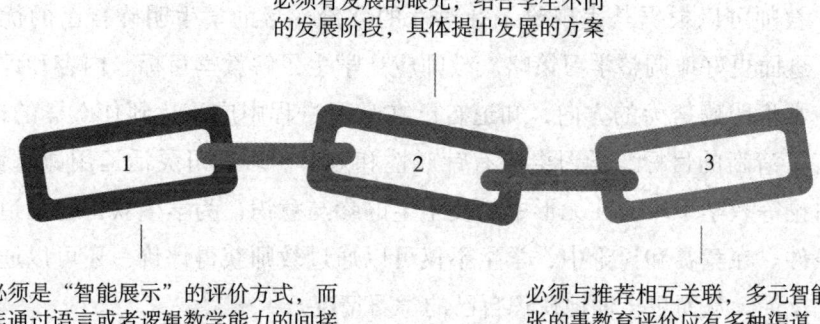

图4-2 评价多元智能的方式的三个标准

教师评价的过程应是向学生而提出的建议，使广大的学生能够结合教师所提供的信息不断改善自我、加强弱项，并且充分发挥自己的强项以满足学习的需要。结合多元智能的评价标准来看，教师不能单纯依靠学生的分数或者成绩来判断其是否优秀。大学生是一个比较个性化的群体，且人和人之间具有明显的差异性，所以教师应以开放、平等的态度看待学生。后现代主义教育思想同样如此，着重强调了学生的全面发展，鼓励学生学习多种学科，不能局限于一种学习内容。学生的学习过程并非单纯为了积累知识，同样也是为了不断进行实践与创造活动，学生个体之间所存在的差异性也在无形中决定了教师不能用统一的标准衡量他们。教师对学生的现阶段进行评价，需要全面考虑过程与结果，并且应预判学生的下一步行动。

二、日语课堂教学评价的实施策略

（一）日语课堂教学中的评价策略

在课堂教学中，教师应恰当运用评价技巧，从而提升教学效果、促进学生学习。营造平等自主的课堂氛围能缓解学生的学习焦虑，让学生在学习过程中无须担心因出错而受到批评或嘲笑。学生在平等自主的课堂环境下能够更加自由地表达自己的观点和想法，积极参与课堂互动，从而提高学习的积极性和主动性。教师还应为学生创造挑战困难的机会，巧妙设置具有一定难度的任务，激发学生的学习积极性，同时使评价内容更加具体。学生在挑战困难的过程中，教师可以根据其表现给予针对性的评价，帮助学生明确自己的优势和不足，进而更好地调整学习策略。教师应让学生了解教学目标、内容和评价基准，使学生明确努力的方向，知道自己在学习过程中应该达到什么样的标准。学生有了清晰的目标，学习会更有针对性和效率。教师可灵活运用课堂竞赛、小组讨论等教学手段，在无形中激发学生的参与意识，为学生获得多渠道评价创造条件。在竞赛和讨论中，学生不仅可以通过教师获得评价，还可以通过同学得到反馈，从而更全面地认识自己的学习情况。

日语课堂教学中的评价要针对事实，避免含混不清。具体指出学生的问题所在，如"这篇课文朗读时有几处断句错误，应该读……"这种评价方式比笼统的"读得不好，要认真练习"更有效，能让学生清楚地知道自己的问题并加以改进。并且教师需要注重课堂上与学生之间的交流，关注学生的表情、眼神等信息反馈，把握学生的心理动态，及时做出调整或指示。如此，能使教师更好地了解学生的学习状态，及时调整教学策略，提高教学的针对性和有效性。

（二）日语课堂师生交流中的评价策略

在日语课堂的师生交流中，教师指导学生正确归因，能让学生明晰教师评价的依据和作用，从而有针对性地弥补自身不足，促进学习进步。评价时参考多方结论，包括他人评价和学生自我评价，从纵向看学生自身发展，从横向与他人对比，使评价更全面客观。同时，注重学生自我评价的反馈信息，教师借此反省自身评价的完善性，不断调整评价方式，从而提升师生交流质量，激发学生学习日语的积极性和主动性，并且促进学生在日语学习中不断成长。

第三节 日语课堂教学质量的有效提升策略

一、日语教师自身素质的提高

日语教师自身的素质提高是迎接日语教学改革挑战、适应时代发展需求的首要挑战，只有日语教师具备创新素养，才可培养出具备创新素养的日语人才。所以，当今时代迫切需要日语教师不断提高自身的素质，在日常的工作与实践中创新教育教学理念，并完善日语知识能力结构。

（一）教师具备创新性的日语教育教学理念

创新性日语教育教学理念旨在培养具有创新意识、创新精神和创新能力的日语人才，要求教师不能局限于传统的照本宣科式教学。当代日语教育已对教师提出了更高的要求，单纯的知识传授已无法满足学生的发展需求。教师的真正价值不再体现于对教材内容的讲解，而在于能否激发学生学习日语的自主性和求知欲望。则需要教师转变教学模式，从以教师为中心转变为以学生为中心。教师坚持"学生中心论"，需要充分考虑学生的个体差异、学习需求和兴趣爱好。以学生为中心的教学模式，能够更好地调动学生的学习积极性，学生不再是被动的知识接受者，而是主动的参与者和探索者。教师可以通过小组讨论、项目式学习等多样化的教学方法，激发学生的创新思维和合作能力。并且应关注学生的学习过程，及时给予反馈和指导，帮助学生克服困难，提高学习效果。为了树立创新性日语教育教学理念，教师需要不断学习和更新自己的知识体系，关注教育领域的最新动态和研究成果。

在现代经济社会中，以现代科学技术为主要支撑，而现代科学技术本身就是一种创新，其背后依赖创新型综合型人才。基于此，对日语教学提出了新的要求。日语教师应以知识和技能的传授为载体，依据日语专业学生的专业特点和个性特征，着力培养学生的综合素质和实践应用能力。

实现此目标需要教师根据学生的个性差异设计多元的评价体系，以多元化评价更全面地了解学生的学习情况和发展潜力，为学生的成才和成长创造更好的育人环境，进而不断提高高校的教学教育质量。教师在日常教学中应认真倾听学生的心声，教师只有充分了解学生的需求、困惑和期望，才能更好地调整教学策略，满足学生的学习需求。同时结合启发教育，将学生各自鲜明的个性导向正确的方向。教师要善于引导学生发挥自身优势，克服不足，实现个性与能力的协调发展。日语教师应积极营造充满生机活力的课堂教学氛围，将课堂变成师生互动的场所，打破传统的教师单向传授知识的模式，鼓励学生积极参与讨论、提问和分享。如此能够激励学生迸发创造的热情和火花，使学生主动地将自己的思考、灵感及兴致投入课堂活动中。从而使课堂教学变成一个呈现出丰富性、知识性和趣味性的舞台，提高学生的学习积极性和主动性。

（二）教师具备完善的日语知识能力结构

可以将日语知识能力结构理解成日语知识结构与日语能力结构的综合，对当代高校教师的高要求、高标准就是具备完善的知识能力结构。高校日语教师在具备丰富的专业知识、科研知识的同时，更应具备与日语教育有关的其他理论知识、实践知识，以及一些从事日语教育活动所必备的各种业务能力。其中，包括了富有表现力与说服力的言语能力，可以结合学生的不同情况而随机应变的能力与因材施教的能力等。在如今信息化、国际化飞速发展的社会背景下，日语教师更应做到与时俱进，具备信息技术能力及其他的能力，并且需要树立积极向上的终身学习观念，以随时应对将来社会快速发展对于教师提出的要求。不仅如此，日语教师还应重视培养学生的终身学习理念与习惯，为学生将来步入社会奠定坚实的基础。日语教师的综合能力提高,将会直接对日语专业学生的全面成长造成影响,其能力结构是有效培养创新日语人才的关键部分,这离不开全体日语教师的共同努力。

在当今时代,各大高校为提高日语专业学生的就业能力,积极鼓励学生参与社团活动以提升实践水平。既然对学生有如此要求,那么高校日语教师更应注重自身实践能力的提升,以更好地教学育人。随着素质教育观念的提出,"实践能力"在高校教育研究中成为热点话题,高校日语教师的知识结构并非仅靠自身学习和刻苦钻研就能完善,而需借助实践活动这一重要载体。日语知识能力结构的完善与综合素质的提高皆源于实践活动,并且体现出了实践能力的水平。高校日语教师应尽可能多地积极参与社会和企业组织的各项实践活动,直接参与实践能让教师获得宝贵的一手经验,亲身感受日语在实际应用中的场景和需求。同时可借助各种媒体间接汲取广泛经验,了解不同领域中日语的运用情况和发展趋势。教师通过开阔自身的视野和培养前瞻精神,能够及时把握社会最新发展趋势和本学科学术动态,提高对创新性命题的敏锐程度。

日语教师在日常的教学活动中,可适当结合实地演练、经验收集、技术训练等一系列的方式,不断进行反思、总结、评判。只有这样,才能不断提高自身素质,逐步将知识能力结构进行合理整合。例如,在企业实习中,教师可以深入了解日语在商务谈判、跨国合作等场景中的应用技巧,反思教学中应如何更好地培养学生的实际语言运用能力。教师通过参与社会活动,可以接触到不同文化背景下的日语交流,总结跨文化交际的要点,以便在课堂教学中引导学生更好地理解和应对文化差异。只有具备丰富实践经验和合理知识结构的教师,才能在日语教育教学实践中更好地培养高素质创新型日语人才。教师能够将实际案例引入课堂,让学生在真实的情境中学习日语,提高学生的问题解决能力和创新思维能力,实现教师与学生的共同成长,共同进步。

二、营造良好的日语课堂学习环境

学习环境于个体言行具有显著暗示性与导向性,在高等教育质量把控进程中,各国敏锐洞察其对学生成长发展的深远意义。由此,以学校学习环境评估为手段,构建质量控制举措体系。精准衡量环境要素,旨在优化教育生态,促进学生全面发展,提升高等教育整体质量水准。为日语专业学生营造一个良好的日语课堂学习环境，是提高日语教育教学质量的重要保证。在教育信息化浪潮中，学校构建互联网与远程教育网意义深远。甄选适配本校的优质教育资源，搭建校园网与网络教室，为师生开辟广阔资料探寻空间，搭建借鉴优质教学资源平台。此举措可拓展师生视野与思维，激发创新潜能，且于日语学习领域，赋予学生更多自主与灵活，进而推动教学模式创新与优化，提升教育效能与质量。

第五章　情境式教学模式在日语教学中的实践应用

　　情境教学是一种比较新颖、有趣、生动的模式，本章就情境教学模式在日语教学中的应用展开了探讨。先明确了情境式教学模式的定义，阐释其理论基础与基本原则。并详细介绍情境式教学模式在日语课堂教学中的具体实施路径，包括如何创设真实有效的情境、引导学生融入情境进行学习等。最后，分析情境式教学模式在日语教学中的应用效果，并进行深刻反思，总结经验教训，为进一步优化情境式教学提供参考。

第一节 情境式教学模式的概念

一、情境式教学的定义

情境式教学旨在教师于教学进程中有针对性地创设富含情绪性、形象性与趣味性的场景，或引领学生融入现实活动。此举旨在激发学生学习兴趣与动机，使其以更积极姿态投身学习，助力教材理解与知识掌握，从身心多维度促进学生成长，是一种契合教育规律、提升教学成效的高效教学模式，能有效增强学生学习体验与知识内化效果。情境式教学和传统的教学方法相比较而言，能够将语言、行为、情感相互融合，有效调动学生的情感与兴趣是情境式教学的核心所在。

二、情境式教学的理论基础

（一）克拉申监察模式

20 世纪 80 年代初，克拉申受到了乔姆斯基语言习得机制理论的启发和影响，建立起了自己的第二语言习得理论，又被称为"检察模式"，该模式一经提出，便在语言界中产生了巨大的反响，克拉申的检察模式主要是建立在了监察假说、输入假说、习得与学习假说、情感过滤假说、天然顺序假说上。

在二语习得理论中，克拉申监察模式对外语教学产生的影响较大。其中，输入假设和情感过滤假设为情境式教学的发展提供了坚实的理论依据。

输入假设指出，当学习者接触到高于其现有语言能力水平的第二语言，且能够对其意义和信息加以充分理解时，最终会产生习得。比学习者现有水平高的语言材料应具有可理解性、趣味性和关联性，并非按照语法程序安排，同时输入量要足够多。所以在日语教学中，教师所准备的语言材料必须符合这些特征，以促进学生的语言习得。其中应注意语言材料的可理解性，如果学生无法理解语言材料，那么无论其难度有多高，都无法产生有效的学习。教师应根据学生的实际水平，选择或改编语言材料，使其既具有一定的挑战性，又能被学生理解。例如，教师可以通过图片、视频等多媒体手段辅助教学，帮助学生理解复杂的语言内容。且趣味性和关联性也不可或缺，与学生生活实际相关的语言材料能够激发学生的学习兴趣，使他们更好地理解和记忆。比如，选取日本流行文化、旅游景点、美食等方面的话题作为教学内容，让学生在学习日语的同时，了解日本的社会和文化。

克拉申的情感过滤假设强调了学生的情感因素对习得语言的吸收产生影响，学生的情感因素包括动力、性格、情感状态等。教师在日语教学中要充分考虑情感因素对语言学习的影响，改变传统的灌输式教学方式，丰富教学手段，调动学生的积极性，创建轻松愉快的课堂环境，降低学生的情感过滤对日语学习的负面影响，教师可采用小组讨论、角色扮演、游戏等教学活动，让学生积极参与课堂，增强他们的学习兴趣和自信心。同时，教师要关注学生的情感状态，及时给予鼓励和支持，帮助学生克服学习中的困难。

不仅如此，教师还需给学生提供足够的语言输入量，并确保他们能够充分理解教学内容。所以教师需要在教学过程中合理安排教学进度和内容，既要保证输入量，又要避免学生因负担过重而产生抵触情绪。教师可以通过多种渠道提供语言输入，如课堂讲解、课外阅读、听力练习等。同时要及时检查学生的理解情况，通过提问、作业、测试等方式，了解学生的学习进度和存在的问题，以便调整教学策略。

（二）建构主义学习理论

建构主义理论的主要代表人物有瑞士心理学家皮亚杰（Piaget）与苏联心理学家维果斯基（Vygotsky），建构主义结合皮亚杰的"同化"与"顺应"观点，以及维果斯基的"最近发展区理论"，从而形成了自己的教学观、学习观与知识观，建构主义明确提出了在教学活动中，学生们主动构建知识是首要的。

建构主义教学观认为，教师在为学生讲授知识的过程中，需要重视引导学生自主分析、理解知识，将学生原本的知识经验作为基础，使其能够进一步掌握新的知识。而教师的职责与作用则是由知识的灌输者、呈现者转变成学生自身知识体系构建的引导者。所以，建构主义提倡教师在教学的过程中发现并重视学生已经构建的知识架构，引导学生基于自身的知识经验，加深对新知识的理解，从而构建自己的知识体系。建构主义还主张教师开展教学活动应将学生置于首要地位，尽可能调动学生的主观能动性，提倡学生实施合作型学习，并且使学生能够在彼此交流与讨论的过程中,全方面地获取知识内容。

建构主义的学习观念认为,学习任何的学科都是将学习者原本的知识经验作为前提,而学生学习的过程也并非教师单纯地将知识传输给学生,而是需要学生充分结合自身的学习经验,重新认识、处理、研究教师所教授的知识内容,进而使学生能够获取对自己有益的知识内容,建构属于自己的知识体系。

建构主义的知识观认为,知识并非对于现实的客观反映,而是一种人们对于客观世界的解释与假设,并非所需要解决问题的最终答案。所以,教师为了使学生能够更加充分、全面地理解、掌握知识,应在实践教学的过程中根据学生已经掌握的知识灵活设计情境,而非向学生强加自己已有的知识体系,要鼓励广大学生积极结合自己的经验来构建知识体系。

(三)情境认知理论

情境认知理论是在20世纪80年代诞生的,情境认知理论的代表人物有科林斯(Collins)、布朗(Brown)、杜基德(Duguid)。情境认知理论认为知识教学应将学生作为主体,教学内容应与现实生活实践相互关联,情境认知理论的演变历程与学习理论发展的三个阶段相辅相成,如表5-1所示。

表5-1 情境认知理论的演变历程与学习理论发展的三个阶段

三个阶段	详细介绍
第一阶段	因为受到行为主义的"从刺激到反应"理论造成的影响,有关学者提出了人的思维是一个从单纯刺激到反应的过程,忽视了人的主观意识,并且受到了认知主义理论的批判,进一步推动了情境认知理论的发展
第二阶段	认知学习论认为,人主要依靠着头脑思维完成认知、分析信息且获得信息的,并非基于外部条件下自然而然形成的,人类的学习主要依靠的是人体自身所具备的认知结构与外部环境的刺激
第三阶段	建构主义学习理论强调教师应从单纯的知识传授者变成学生获取知识与知识系统的构建者,基于建构主义理论形成了认知和学习,标志着学习理论产生了转变。情境式教学在情境认知所获得的理论依据是和母语有所不同之处,学生在实际参与学习活动的过程中一般缺乏真实的语言环境,所以教师除了应结合实际教学的内容,在最大限度上利用多种多样的教学方式为学生创设真实的语言情境,同时应设计多种形式的教学活动,一步步引导学生掌握与使用语言知识、语言技能

三、情境式教学的基本原则

（一）实用性

在外语教学系统中，情境是促进学生学习的一大重要因素。其中，实用性原则是情境设计的关键所在。教师应根据教材内容设计符合学生日常认知、真实且实用的情境，所设计的情境需与学生自身经验相一致，构建与日常生活实践具有连贯性、有意义且有目的的互动，呈现可能在现实生活中出现的场景。且情境的设置要真实自然，为营造真实氛围，可使用实物、适当的教具、图片、音乐视频等手段，如此能够通过语境感染和暗示学生，使其自然而然地进入学习主题。当学生身处熟悉且真实的情境中，会更容易产生学习的动力和热情。并且学生在真实情境中需要主动运用所学语言知识进行交流和表达，从而提高自主学习的意识和能力，并增强高学生的语言综合运用能力。学生通过在不同的真实情境中进行语言实践，能够更好地掌握语言的实际运用技巧，提升自身的语言综合水平。

（二）创造性

情境式教学应对学生的创造性起到一定的推动作用，，无论是模拟情境抑或真实情境，学生在语言学习进程中均依托既有听说读写技能，融合观察、记忆、思考与创造等认知活动。学生在此过程中，将课本日语转化为自身语言能力，达成对日语应用的深度掌握，从而在语言学习领域实现从知识接收到能力内化的跨越，也就是真正意义上掌握应用日语的能力。

事实上，教学中设置情境的主要目的在于帮助学生应用语言，而非单纯、生硬地记忆语言。教师应将学生学习过的旧知识与新知识相联系，并适当进行必要性的铺垫，结合教学的内容与学生的知识掌握程度来预估学生在学习中可能会应用到的语言材料，以便于在情境教学中及时为学生提供材料，令学生可以在真实化的情境中自然而然地展开语言交流与交际活动。自然的交际活动是一个学生积极主动的创设性应用过程，而非要求学生一味进行重复训练而形成学习习惯的过程。

（三）交际性

外语的交际功能处于其核心地位，本质上体现于真实情境里对外语的灵动运用，以达成信息的精准吸收与传递。听、说、读、写四种形式相互交织，构建起双向言语交际网络，促进参与者间意义的有效交流。情境是语言交际活动的关键依托，学生置身其中，学习兴趣被深度激发，潜能亦获充分释放。促使学生在教学中角色转变，化被动为主动，积极投身思考、探索与实践，怀揣求知热忱，力求知识技能的拓展提升，从而有效推动学生外语学习成效的显著提升。为了更好地实现外语教学的交际性原则，教师应精心创设丰富多样的语言情境，让学生在模拟的真实场景中进行语言交际，使学生能够更加深刻地体会到外语在实际生活中的运用，提高语言交际能力。

四、情境式教学模式的优势

情境式教学模式的起源是视听法，在实践教学的过程中通过引入视听效果或者创建情境，能够形成情感、情境、情绪相互结合的教学方式。情境式教学模式的优势主要有四个，如图 5-1 所示。

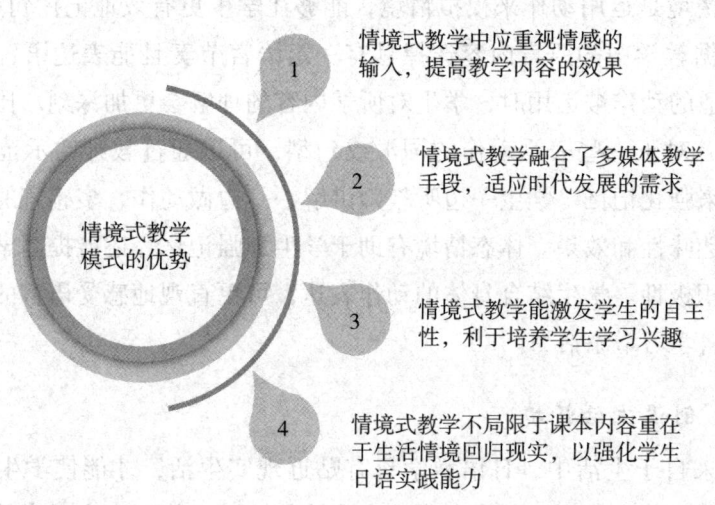

图 5-1 情境式教学模式的优势

五、情境式教学模式可创设的情境

（一）创设模糊情境

模糊情境指的是教师画一些简笔画，引导学生自主动脑思考、猜测日语使用的基本框架，并且鼓励学生尝试着用之前学习过的日语来表达。

（二）创设音乐情境

音乐情境指的是教师为学生们播放音乐，使学生通过音乐的方式学习日语。日语歌曲的播放能够活跃课堂教学的氛围，并稳定学生的情绪，在一定程度上调整课堂教学的节奏，播放音乐利于将学生引入特定的情境中。比如，教师在为学生们讲解日语语音的时候，可以使学生听取日语歌曲、填写歌词，从而促使学生积极思考。

（三）创设体态情境

体态情境是运用动作来模拟情境，能够让学生更有效地记住句型和对话，教师需根据教学中的语言内容选择具有一定语言节奏且能表达语言意义的动作。当合适的动作被运用时，学生对所学内容的理解会更加深刻。比如，在日语教学中，对于一些表示动作的词汇或句型，可以通过教师的示范动作和学生的模仿来强化记忆。学生一边听教师讲解，一边做动作，多感官的参与能增强学习的趣味性和效果。体态情境有助于学生加强记忆，还能提高学生的参与度和学习积极性。学生结合身体的动作表达，可更直观地感受语言的含义和用法，为语言学习增添活力。

（四）创设生活情境

语言来自于生活中，日语教学只有贴近现实生活，才能使学生学习好日语。所以，教师应将日语课堂变成一个浓缩的社会，将现实生活中的方方面面融入课堂中，使学生能够真实地观看、感受、体验生活中的一切，令学生能够在比较真实化的情境中进行记忆。比如，教师在向学生们讲解问候语时，不能单纯要求学生死记硬背语法或者句型，而是可以巧妙采取情境式教学模式，可以给学生一个求职面试的情境，请两名学生在讲台上展开角色扮演的活动，其中一名学生扮演"招聘者"，另一名学生扮演"应聘者"，两人一问一答。其他同学在此过程中应积极观察、聆听，找出两名同学对话中的不妥或者错误之处,并且提出自己的见解,加以改正,再由教师进行讲解。生活化的情境能够锻炼学生的观察力,并且使学生学会灵活应用自己的所学日语知识,真正使学生在实践中学习、应用知识。

(五)创设游戏情境

游戏情境是将教学内容与生动有趣的游戏形式相结合,游戏情境方式既激发了学生学习日语的动力,又为其营造了轻松愉快的学习氛围,极大地调动了他们学习的积极性,且合适的游戏融入日语教学能有效培养学生学习日语的兴趣。游戏教学强调学生的主体性,要求师生共同参与,充分体现了教师的主导作用和学生的主体作用。例如,在讲解特定句型时,教师可通过设计游戏活动,如给出一些句子让学生猜测意思,使学生在参与游戏的过程中加深对句型的理解和掌握。游戏情境教学方式让学生在轻松的氛围中积极思考、主动探索,提高了学习的效果和质量。

(六)创设文化情境

任何一种语言形式都具有自己独特的文化内涵,日语同样如此。教师在日语教学中应结合教材内容,适当向学生们介绍一些与日本文化背景与风俗习惯有关的内容,其中包括节日活动或者接受礼物的习惯等,以期有效拓宽学生的知识面,增强学生对于文化差异的敏感度,使学生能够在潜移默化中接受、应用一些语言习惯。比如,每逢节假日的时候,教师可以在课堂教学活动开始的前几分钟,向学生们介绍节假日的名称,或者简单向学生们讲解节日的由来。从而使学生了解一些日语的风土人情、生活习惯等,并且可以增强学生的文化素养,使学生增强日语学习的兴趣与热情。

第二节
情境式教学模式在日语课堂教学中的具体实施路径

一、情境表现形式在日语课堂教学的实施

（一）借助情境导入课文

利用情境导入课文是一种有效的日语教学方法，教师作为教学活动的引导者，首先需吃透教材，明确教材特点、教学重点与难点，只有这样才能合理设计情境。在设计情境时，教师除遵循情境设计的原则外，还应注重所设计的情境能否与语言的形式和意义有机结合。教师应借助课堂情境，帮助学生重新组合所学语言知识，结合模拟交际或真实交际来培养学生在生活场景中运用语言的综合能力。且教师要充分认识到情境只是实现教学目标的手段，而非目的，设计的情境必须以教材为基础，脱离教材的情境缺乏实际意义。由于日语专业大学生是教学对象，教师需了解学生，针对学生特点设计情境，从而有效激起学生情感，促使他们积极主动参与教学活动。

教师可采用多种方式导入课文，结合播放视频、讲故事、提出相关话题等能引入课文，设计与课文内容相关的问题情境也可引起学生兴趣。叙事类课文可采用讲故事或对话方法，说理类课文适合观看视频，提问法适用于所有课文且被许多教师青睐。问题能激发学生了解课文内容的强烈愿望，促使他们集中注意力。将看到的情境和听到的语言建立直接联系，既形象生动，又能培养学生的听觉感知和记忆能力，养成直接用日语思维的习惯。在情境中理解语言意义、操练语言知识、训练语言技能，可提升学生综合运用语言的能力。教师在教学时应先训练学生的听说技能，再训练读写技能，体现情境式教学基本原则。情境式教学要求学生用日语进行交际，听说活动必须在情境中完成。学生通过听说活动训练能够理解并掌握语言的意义和结构规律，提升运用语言的能力，在此基础上进一步有效培养学生理解书面语言的能力。

（二）借助情境讲解课文

在高校日语专业教学中，教材的选择虽因各校特点和培养需求而异，但重

点语法和句型总会在相应课本中出现。然而，只有在特定情境中，语法和句型才具有实际意义，学生也才能更好地理解和掌握。当前，许多日语专业教材强调教学与学生生活实际相结合，主张教师在课堂上设计的交际活动情境应贴近学生生活，从而增强学生学习日语的兴趣，并调动他们参与课堂活动的积极性和自主性。日语教师在课堂教学中应积极利用各种教学条件，创设具有现实意义和生活化的日语交际情境，以提高学生的课堂参与性，促使学生将所学语法和句型知识应用到语言综合交际中。例如，对于日语中的众多固定搭配，教师可以通过做动作的方式引出，如喝水、吃饭、吃药等动作。接着，将学生分成若干学习小组，每组派出一名学生进行表演，其他组学生以抢答形式用日语说出表演学生所做的动作。通过这样的情境表演和教师精讲，学生能够轻松掌握固定搭配，顺利完成教学目标。

通常情况下，日语专业教材由课文、会话练习、应用课文、课后练习四个部分组成。课文作为教材的核心内容，会向学生介绍本课的重要句型和语法知识。在讲解课文时，利用情境能够使抽象的语法和句型更加直观、具体。教师可以根据课文内容创设相应的情境，让学生在情境中感受语言的运用。比如，对于一篇描述日常生活场景的课文，教师可以模拟这样的场景，让学生在其中进行对话练习，从而更好地理解课文中的句型和语法。

（三）拓展日语教学情境

语言来自于现实生活当中，和学生的日常生活密切关联。所以，教师应结合学生的多重感官，将教学内容变得更加立体化，使学生能够真实地看到、听到、感知到。日语教学中，教师应尽量多利用卡片、实物、视频等多元化的教学工具，努力为学生创建一种比较真实化的、愉悦轻松的日语学习环境，使学生能够在实际学习的过程中体会到语境的感染与暗示，进而能够自觉使用适当的语言形式展开交际活动。

二、应用情境式教学模式增强日语课堂教学的质量

日语教师可以在课堂中借助口语交际情境设计、口语交际活动组织、观看日本动漫等多种方式开展情境式教学，让学生置身于真实化的日语学习情境中。日语教学中的语言素材应将教材内容作为前提，尽可能贴近学生的现实生活，彰显出时代化特征。教师在课堂中应组织学生参与多种丰富的学习活动，鼓励

广大学生积极发表自己的见解或者意见，使学生和其他同学自由进行讨论，帮助学生之间相互交流自己的见解和看法，教师甚至可以组织学生进行辩论活动。日语教师应结合不同的教学环节，灵活为学生们设计相应的情景剧，将枯燥无味的语法知识变得更加简单易懂，并促使学生能够在参与口语交际训练活动的过程中，感知到学习日语的乐趣，有效提升学生日语交流的水平和能力。

（一）借助情境式教学模式激发学生日语学习的动力

如今，人类已进入信息化时代，互联网将地球紧密连接，为日语教学提供了丰富的教学资源。日语教师可充分利用当今时代的便利条件，不断提高日语课堂的趣味性，营造生动活泼的语言学习氛围，从而激发学生的学习动机。教师可先筛选互联网上的日语视听资料，选出与学生所学内容相关的音频和视频，如日语歌曲、日本电影、动漫等。学生在欣赏这些资料时，教师可引导他们针对其中的歌词和台词，归纳总结词汇知识和语法现象。对于重新填词被翻唱的日本歌曲，由于学生熟悉旋律，教师可鼓励学生模仿原唱的语音语调哼唱，甚至举办日语歌曲模仿大赛，以此激发学生学习日语的兴趣。

在课下，教师也应鼓励学生多看日语节目、日本电影，并将听到和看到的内容应用到实际生活中，尝试用日语进行交流。这是学生学习日语时一个比较好的动机，教师应加以利用。另外，在观看视频资料时，学生需注意其中展现的日本文化。在日本，长幼尊卑观念强烈，人际交往礼仪众多。若不了解日本文化，使用不当，会影响与日本人的沟通。因此，在观看日语视频资料，特别是日剧时，教师要嘱咐学生仔细观察说话者之间的关系及所使用礼貌用语的细微差别。比如，日本人通常只敲两声门，敲三声不礼貌；进别人家里一般不戴墨镜；秋天习惯穿风衣，拜访别人家时要先脱风衣，里子朝外叠好再敲门，离开时到一楼才能穿风衣；在日本车辆靠右侧行驶，过马路要先看左侧再看右侧。学生在了解日语文化时，能够明确哪些能做、哪些不能做以及应该怎么做，在潜移默化中了解日本人的生活习惯，既活跃了课堂气氛，并且能够在教学中渗透人文教育。

（二）借助情境式教学模式创设互动课堂气氛

教师在进行日语课堂教学的过程中可以适时为学生们创设一些互动活动，在平时的教学中可采用类似于节目主持的形式，将各个教学环节进行拆分，转换成若干个栏目形式，并且以主题为中心展开教学活动，各个教学环节密切相连，相映成趣，将日语课堂教学变得更加有趣、生动。

　　大多数学生都是从零开始学习日语的，日语单词是重要的学习点，也是初学者面临的难点问题，许多初学者不知道怎样记忆单词。所以教师可借助游戏化的方式帮助广大学生记忆单词，可组织学生参与词语接龙的课堂游戏活动。按照座位顺序，前一名学生说出一个单词，后面的学生应接着前一名学生所说出的单词的最后一个假名说出一个新单词，如果接不上则算输。尤其是在学生学习五十音图的过程中，教师采用此方式构建情境式教学能够有效激发学生的兴趣，并激起了学生的胜负欲，一些学生为了获胜，甚至会在课后时间学习大量的日语单词。从而丰富了学生的词汇量，并为学生接下来的日语学习奠定了基石。

第三节　情境式教学模式在日语课堂教学中的应用效果与反思

一、情境式教学模式在日语课堂教学中的应用效果

　　结合情境式教学模式在日语教学中的实践应用效果来看，大多数的学生能够提高日语学习的兴趣，且对情境式的学习活动表示欢迎。情境式教学模式的优势能够在日语课堂中充分发挥，减轻了学生的日语学习负担，实现了提质增效的课堂教学效果，并且许多学生的日语听、说、读、写能力取得了大幅度提高。因此，日语课堂中合理设计情境式教学不仅可以有效提高学生日语学习的兴趣，还能够强化学生的语言综合应用水平。

二、情境式教学模式在日语课堂教学中的反思

（一）应用情境式教学模式的合理性与科学性

　　虽然情境式教学具有独特的价值，但也需谨慎运用，不可牵强为之。教师创设的情境应能增强学生对生活的体验感，激发学生的思维和表达欲望。教材是

教师应用教学方法的根本依据,教师需仔细研究教材,创设与教材内容契合且与学生生活实际相结合的情境,以此培养学生健康的情感态度、正确的世界观、人生观和价值观。情境式教学能够通过环境触发学生的情感,激发他们积极思考,提升学习兴趣,这是传统教学模式难以企及的优势。然而,教师必须认识到,情境式教学并非单纯追求形式上的有趣和课堂气氛的活跃,在具体应用情境式教学模式时应充分考虑到合理性与科学性。因此,情境的设计必须与教学内容紧密结合,教师要找到两者之间的关联点和切入点,借景悟理,将学生带入情境之中,让学生体验情境中蕴含的思想感情。通过由表及里的思维过程,学生进行抽象概括,揭示出与教材相关的深刻思想内涵,从而实现认识的提升。

(二)应用情境式教学模式应启发学生的思维

情境式教学模式并非在某种情境中局限学生的思维,而是需要借助情境式教学模式使学生将学习过的知识、经验与方式等,在不同的课堂学习情境中加以分析、思考、整合,最终,帮助学生探索正确的答案,即有效对学生的知识迁移能力进行培养。学习终极目标并非要求学生"学会",而是要求学生"会学",使学生掌握学习的技巧,只有学生学会将所学知识举一反三,融会贯通,才可真正意义上应用所学知识解决实际问题,培养学生的发散性思维。

在特定的情境教学活动中,教师对学生的思维引导应该是多向度的,并非单向的。假如教师习惯性地引导学生在同一个方向思考问题,则容易导致学生的思维具有局限性,无法全面发散学生的思维,也难以使学生产生创新思维,更无法将学生的想象能力充分发挥出来。每一个人内在的潜力都是无限的,培养学生创新性思维需要教师具备足够的耐心,不断开发、挖掘学生的思维。教师应切实结合不同情境,积极鼓励、引导学生站在不同的视角上展开思考,使学生突破思维定式,充分发挥自我的想象能力。教师应在日常教学活动中,着重培育学生的思考能力、逆向思维等,把情境式教学模式作为有效培养学生创新性思维的关键方式。

(三)应用情境式教学模式应做到听说并重

学生在情境表演时需注意聆听他人说话,此过程是在完善自身即将回话的语音语调,并将表演转化为真正交流。当学生用心倾听时,能更好地理解情境中的语言交互,使回应更加自然流畅,而非机械地背诵句子。教师应引导学生认识到倾听在情境表演中的重要性,培养学生边听边思考、边听边回应的能力,从而提升情境表演的质量和语言学习的效果。

(四)应用情境式教学模式应培养学生用日语交际的意识

在日常的日语教学中,大量的仿真情境对话训练能够使学生所学的语法知识和句型得到运用,更关键的是可以切实提高他们的口语交际能力。许多日语专业学生在大学前两年于国内学习日语,到大三或大四才有去日本研学的机会,导致他们真正接触日语交际环境的时间非常有限。因此,学生需要通过交际活动来发现自身在语音语调等方面的不足并加以改进,同时用日语表达自己的想法,树立说好日语的信心。

鉴于此,在日语课堂教学中,教师应拿出大量时间对学生进行口语交际训练。学生的性格特点、学生之间的竞争强度以及教师对学生的鼓励程度等因素虽对日语口语交际的应用有一定影响,但总体而言,教师要细心观察学生所使用的学习方法,了解学生的学习状态。教师可在课堂教学中引入真实、自然的口语交际活动,为学生提供大量口语练习的机会。

第六章　小组合作与任务型教学模式在日语教学中的实践应用

在日语教学的探索与创新中,小组合作与任务型教学模式展现出独特的价值。本章深入剖析小组合作与任务型教学模式在日语教学中的实践应用。先阐释了小组合作与任务型教学模式的概念,明确其定义与原则等。再详细介绍小组合作与任务型教学模式在日语课堂教学中的具体实施路径,包括如何合理分组、设计任务以及引导学生合作完成任务等。之后分析其在日语教学中的应用效果,并进行深刻反思,总结成功经验,为进一步优化教学提供依据。

第一节
小组合作与任务型教学模式的概念

一、小组合作教学模式的概念

（一）小组合作的定义

小组合作模式发端于20世纪70年代初的美国，并在随后的十余年中取得了实质性进展。小组合作模式作为一种兼具创意与实效的教学方式，有着明确的组织形式和运行机制。以小组为基本单位，充分借助教学动态因素之间的互动来推动学生的学习进程。在小组合作中，学生可以相互交流、分享观点，共同解决问题，从而提高学习效果。同时，小组合作模式也有利于教师更好地了解学生的学习情况，及时调整教学策略，提高教学质量。

（二）小组合作的理论基础

小组合作学习是一种行之有效的教学方法，有着坚实的理论基础，有关理论主要源自建构主义学习观、社会学习理论、人本主义学习观领域。在小组合作学习中，学生以小组为单位进行学习和讨论，积极主动地参与知识的构建。小组成员之间相互交流、合作，共同解决问题，充分体现了学习的社会性和情境性。社会学习理论的代表人物美国社会心理学家班杜拉认为，人类的学习大多发生于社会情境中，发展只能产生于社会学习。班杜拉将观察学习分为注意、保持、动作再生、强化和动机四个过程，该理论强调了社会性学习的环境，特别是人际关系对学习的重要性，对小组合作学习具有不可忽视的启发意义。学生在小组合作中通过观察其他成员的行为和表现，学习新的知识和技能。小组成员之间的互动和交流为学生提供了丰富的学习资源和机会，促进了学生的学习和发展。人本主义学习观中的代表理论包括美国心理学家马斯洛的需要层次理论和美国著名心理学家、教育学家罗杰斯提出的"以学生为中心"的课堂教学模式，马斯洛认为人的社会需要，即与他人相互作用，对学习有极大的促进作用。罗杰斯认为教师的任务是为学生提供各种学习资源、创设学习氛围，让学生自主学习。他提出的一系列措施，如开展同伴教学、采取分组学习、建立交朋友小组等，与小组合作学习的理念高度一致。在小组合作学习中，学生之间相互帮助、相互支持，满足了学生的社会需要，促进了学生的学习和成长。

（三）小组合作教学模式的原则

1. 适合性

小组合作教学模式的适合性原则指的是教师应在教学中充分结合学生的综合特点、课堂实际情况开展活动，而非生搬硬套。所以，日语教师在组织学生参与小组合作学习活动时，有两个关键的点应注意。

（1）关于母语的使用。从社会文化理论的视角进行考量，母语于外语学习而言有着极为重要的积极影响。安东与迪卡米拉在对外语课堂小组活动里母语的运用状况加以分析后，发觉学习者凭借母语实现了一系列社会性认知活动，像"搭建支架""建立主体间性""使用私语"等，进而达成高级自我调控，极大地促进了外语学习。我国的金月和郭丽杰同样依据社会文化理论阐释了母语在二语学习中的作用。她们强调，母语潜在的影响不应被有意回避，而应被当作学好二语的一种有效途径。在二语发展尚未成熟之际，当学习者难以运用二语展开高级认知活动时，母语的概念系统能够为学习者规范高级认知过程提供助力，并且对高级二语对话表达能力的发展起到辅助作用。

鉴于此，日语教师在引导学生以小组为单位进行合作学习的时候，特别是学生在初级阶段的学习中，教师不必强制性地要求学生只能使用日语进行交流，而不能使用汉语交流，学生在使用汉语进行交流的时候，可帮助他们在完成对话的同时，有效实现知识内化，从而完成一些高级的认知活动，学生之间的交流和互动是小组合作学习中的关键。对于初级阶段的日语学习者来说，可能在表达复杂的思想或讨论较难的问题时会遇到困难。此时，适当使用母语可以帮助他们更好地理解任务要求，促进小组内的沟通和合作。且借助母语的辅助，学生可以更深入地思考问题，进行知识的整合和内化，为进一步的日语学习打下坚实的基础。

（2）教师在小组合作教学中的作用。教师在小组合作教学中的定位从传统教学模式中的知识传授者变成了学生学习的辅助者。教师本身的角色出现了一定的转变，势必能在一定程度上促进学生自主学习能力的提高。然而，教师在实施小组合作教学时进行及时的讲解对于学生的作用同样不容忽视。尤其是在教学活动中,学生需要大量使用母语的时候,教师进行讲解成为向学生提供规范的日语表达,并帮助学生纠正自己错误的关键所在。

2. 阶段性

日语课堂中融合小组合作教学模式需要学生经历一个适应的阶段,阶段性原则指的是教师结合课堂的实际教学情况、学生的日语水平、接受能力等,循序渐进地实施小组合作教学活动,从而使学生能够渐渐适应与他人合作进行学习的模式。小组合作教学中阶段性原则有着三方面含义,具体如下。

(1)合作学习的步骤分层。埃利斯(Ellis)在威利斯(Willis)的基础上,将任务型教学分为任务前阶段、任务中阶段、任务后阶段三段流程,并认为任务中的活动必不可少,而任务前和任务后阶段的活动可有可无。但结合实际教学可见,任务前阶段、任务中阶段、任务后阶段三段流程对于小组合作学习均具有重要意义,教师需精心设计每个阶段。

如果学生缺乏小组合作学习活动经验,则需要教师的及时指导。此时,教师需在任务前阶段和任务后阶段投入更多精力。如馆冈洋子和池田铃子所言,在任务前阶段,教师要向学生讲明合作学习的意义、播放活动视频,使学生明确活动的价值,充分调动他们参与教学活动的积极性。在任务后阶段,教师组织学生进行反思,帮助学生梳理学习要点,让学生对自身不足有正确认识,为下次活动奠定基础。小组合作学习活动需要学生结合对话内容实施高级认知活动,从而完成学习任务,在任务的前期阶段中,学生需要做好充分的准备工作,确保对话的质量,使学生在对话中发挥个人才能,进而促进学生学习的纵深发展。例如,在任务前,学生可以收集相关资料、进行讨论和规划,明确自己在小组中的角色和任务。在任务中,学生积极参与对话,运用所学知识解决问题。在任务后,教师及时给予反馈,学生进行总结和反思,进一步提升自己的学习能力。

(2)传统课堂教学与小组合作活动的分层。传统化的教学方式和小组合作学习方式分别有着不同的优势,过去传统的教学方式比较关注如何提高学生的语言知识、语言技能掌握程度,通过教师系统的讲解和有针对性的训练,学生能够扎实地掌握语法、词汇等基础知识,为语言运用打下坚实基础。而小组合作学习侧重鼓励学生探索知识、构建知识,学生在小组互动中积极思考、交流合作,培养了自主学习能力和创新思维。

教师在实际教学中应掌握好传统教学与小组合作学习的适当比例,根据教学内容和学生实际情况灵活运用。对于基础语言知识的传授,可以采用传统教学方法,确保学生准确理解和掌握。而在语言运用和拓展环节,适时开展小组合作学习活动,让学生在实践中提高语言综合运用能力。例如,在讲解语法知识点后,组织学生进行小组讨论,运用所学语法进行对话创作,加深对知识的理解和掌握。

(3)初级阶段学习与高级阶段学习的小组合作活动分层。在日语学习的初级阶段,适当增加以教师为主导的活动是合理的选择。教师通过系统的讲解和示范,为学生的日语学习打好基础。这一阶段,学生对日语的认知较为有限,需要教师引导他们掌握基本的语音、词汇和语法知识。随着学生日语语言水平的持续提高,逐渐增加小组合作学习活动成为必然。小组合作学习能够激发学生的学习积极性和主动性,培养他们的合作能力和沟通技巧。且初级阶段和高级阶段的小组合作学习活动在内容上应有所差异,初级阶段主要聚焦于学习语言本身,教师可组织词汇记忆小组竞赛、语法练习小组讨论等活动,利于学生巩固基础知识,提高语言运用的准确性。当学生进入高级阶段学习时,应以学习语言材料内容为目的开展小组合作学习活动。

3. 系统性

系统性指的是教师在安排教学活动时有一个整体性的规划,自然而然地将小组合作学习引入课堂教学中,将小组合作学习变成课堂中的一部分。结合系统性原则来看,教师在日语课堂教学中实施小组合作模式,应注意下面两点。

(1)小组合作活动与评估相结合。在小组合作学习的评估中,教师可将学生自我评价、生生互评方式与教师评价相结合。如此能够照顾到学生对教师评价的期待,教师评价具有权威性和专业性,能够为学生提供客观的反馈和指导,帮助学生了解自己的学习成果和不足之处。自我评价和生生互评使评估更贴合小组合作学习的特点,学生通过自我评价能够反思自己在小组合作中的表现,发现自身的优点和不足,从而更好地调整学习策略和方法。生生互评则促进了学生之间的交流与合作,让学生从不同的角度了解他人的学习情况,学习他人的优点,共同进步。

(2)确保小组合作活动的连续性。经过了长久以来的实践,日语教学中基本上已经形成了一套比较独特的体系。日语课堂的组成部分通常分为了四个,其中有生词学习、语法学习、课文学习、应用练习。学生在参与日语课堂学习的时候只有全面掌握课堂各环节的学习目标与学习方式,才能更好地实现自我提高。小组合作模式作为一种有趣的课堂活动形式，对提高学生的学习积极性和参与度具有重要意义。为使学生熟悉并习惯小组合作活动形式，教师可在课堂中巧妙借助小组合作学习方式，将部分教学内容呈现出来，以确保课堂教学活动的顺利实施。这样一来能增强学生的学习兴趣，并培养学生的团队合作精神和沟通能力。连续的小组合作活动有助于学生在不同的学习环节中运用合作学习的方法，提高学习效果，促进日语教学的顺利进行。

（四）小组合作教学模式的基本要素

小组合作教学模式有五大要素，具体如表 6-1 所示。

表6-1　小组合作教学模式的五大要素

五大要素	具体分析
积极互赖	积极互赖具体指的是学生需要正确认识到要对自己的学习负责，更要为自己所在小组其他同学的学习负责
小组与个体责任感	小组与个体责任感指的是小组中的成绩主要由小组总的任务实际完成的情况而决定，小组成绩将会直接对个人的成绩造成一定的影响
面对面的促进性活动	面对面的促进性活动具体是指学生将会有更多的机会，相互解释所学习的知识内容，且学生之间将会有更多的机会互帮互助，高效完成学习任务
小组合作技能	小组合作技能是指小组内的学生有效进行沟通和交流活动，积极为小组活动提出自己的见解和意见，建立且维护小组成员之间的相互信任关系，共同完成学习目标，掌握学习的方式
小组自评	小组自评指的是合作学习小组应切实结合学习进度，定期评价共同活动的情况，为小组学习活动的质量提供保障

小组合作教学模式中的五个要素可谓是缺一不可，积极互赖、小组与个人责任感是小组合作学习活动的精神支柱。学生们通过小组合作方式进行面对面的沟通交流，并且参与小组自评的活动形式，最终能够完成小组成绩的学习目标。

（五）小组合作教学模式的基本方法

小组合作教学模式的基本方法如表 6-2 所示。

表6-2　小组合作教学模式的基本方法

小组合作模式	具体实施
学生小组成绩分工法	学生小组成绩分功法具体指的是把学生合理分组，分成4人一组的异质小组。由教师为学生们讲授知识，学生之间再进行小组学习，之后进行个人测验。计分方法主要使用了提高分计分法，也就是将小组成员的提高分数累计在一起，组成小组分数，达到一定标准的小组可以获得一些奖励
小组游戏竞赛法	约翰斯·霍普金斯大学创立了小组游戏竞赛法，代替了每周一次的测验方式。各个小组中学习成绩差不多的学生之间进行竞赛活动，努力为各自的小组获取分数，为了使参与竞赛的对手水平相一致，教师需结合每周的竞赛成绩，对其进行适当的调整
切块拼接法	切块拼接法是一种具有创新性的教学方法，由阿伦逊（Arnason）及其同事设计。该方法通常以每6名学生组成一个小组的形式展开。学习材料被分割成片段分配给各个小组，学习同一内容的不同小组成员组成"专家组"，共同探讨所分配的学习内容。随后，这些成员回到各自小组，将所学内容轮流传授给其他组员。著名教育心理学家斯莱文（Slavin）对切块拼接法进行了改良和修正。小组成员参加测验，采用小组成绩分工法的记分方式计算小组得分，达到预定标准的小组获得认可。切块拼接法促进了学生之间的合作与交流，学生在"专家组"中共同讨论学习内容，回到小组后又进行知识的分享，增强了团队合作意识。并且通过轮流教学的方式，学生的表达能力和知识理解能力得到提升。而以小组成绩作为评价标准，则激发了学生的集体荣誉感和学习积极性
共学式方法	共学式是由明尼苏达大学的约翰逊（Johnson）兄弟开发的，由4名或者5名学生组成异质小组，教师指定每一组学生应学习的任务。小组成员共同参与合作、讨论而完成一份作业任务，教师评价每个小组的成绩，并按照其成绩给予他们及时的表扬或者奖励
小组调查法	小组调查法由以色列特拉维夫大学的沙伦（Sharon）夫妇开发，每个小组中应在全班需要学习的单元内选择一个子课题，将该子课题分成若干的个人任务。小组成员为了准备小组报告而开展必要性的学习活动，再由各个小组向全班进行介绍

二、任务型教学模式的概念

（一）任务型教学模式的定义

任务型教学模式是引导学生把实际学习的内容转变成任务形式，以此为学习动力或学习动机，学生完成学习任务的过程，实际上也是一个不断思考、学习知识的过程，以展示任务成果的方式，充分体现教学成就的一种教学模式，学生在完成任务的时候有效实现对主题的理解和把握。任务型教学模式的重在于引导学生亲身参与，使学生结合自己的体验与感知自主进行思考，此方式可有效增强学生的学习参与度，并完善其内在的语言学习机制实现任务目标。

（二）任务型教学模式的理论基础

1. 系统功能语言学理论

系统功能语言学作为20世纪极具影响力的语言学理论之一，由韩礼德（Halliday）在60至70年代创立。彼时，以乔姆斯基为代表的转换生成学派正处于巅峰。在系统功能语言学创立之前，人们往往将语言视为抽象的符号系统，着重研究其结构与规则，却忽视了语言的社会功能以及动态使用。

系统功能语言学将语言看作社会符号，从社会角度诠释语言和意义。它对20世纪80年代以后出现的语言教学方法，如任务型教学，产生了重要影响。韩礼德认为语言是一种社会行为，将其性质归纳为社会意义学系统，强调语言的最本质属性为社会属性，是形式和功能的统一，此观点对语言教学有着深刻的启示。教师在语言教学中不仅要关注语言形式，更要关注语言功能，并将其转化为学生的语言运用能力，以实现语言教学的终极目标。所以，教师应尽量选择真实的语言材料作为教学内容。从语言的社会属性角度来看，系统功能语言学解释了任务型教学强调语言意义第一性的缘由。通过引进真实地道的语言材料和借用任务来创造接近自然语言习得的环境，在"用目的语做事"的过程中，学习者之间进行互动交流，理解和感受语言的社会功能，进而掌握语言的动态运用。

2. 中介语理论

中介语指在进行目的语学习的过程中，第二语言或者外语学习者产生的一类语言，即与母语、目的语不同的一类语言。中介理论认为，在第二语言或者外语学习的过程中，学习者的中介语系统是一个不断向目的语系统过渡、靠拢的过程。早期的中介语理论的代表有科德（Corder）、奈姆瑟（Nemser）、赛林柯（Selinker），结合理论导向来看，中介语理论能够有效达成"以学生为中心"的改变，具有跨时代的意义。使学习者在表达见解、理解对方的过程中，检验已有的假设，从而构建新的假设，修改或重组原有的中介语系统，以有效促进第二语言习得，这是任务型教学受中介语理论影响的重要例证。站在关注与促进学习的视角上来看，任务型教学设计教学任务，并且组织了教学活动，将学生作为教学的中心，很好地与中介语理论研究方向从"教学中心"转向"学习中心"相对应。

3. 认知途径理论

斯凯恩（Skehan）等学者提出的语言掌握和运用的两个不同系统理论，为任务型教学与语言习得研究带来了新视角。一方面是"范例为基础的语言系统"，在快速回答问题和瞬间反应时，人们常用固定搭配，体现了语言运用的即时性。另一方面是"规则为基础的语言系统"，涉及抽象语法规则，掌握过程复杂但对准确得体表达十分重要。斯凯恩的理论为任务型教学研究提供了新角度，即关注任务与语言习得的关系。不同任务使学习者分别注重语言的流畅性、准确性或复杂度。例如，日常对话任务可能更强调流利性，让学习者迅速反应；写作任务则更注重准确性和复杂度，要求对语法规则有较好把握。教师提供不同任务，可促进语言学习者在流利性、准确性和复杂度等方面的语言能力发展。教师在设计任务时，应依据教学目标和学生水平，合理安排不同类型任务。如在初级阶段多设置注重流利性的任务，培养学生的语言自信和交流能力；随着学习深入，逐渐增加注重准确性和复杂度的任务，提升学生的语言表达质量。

4. "输入假设"理论

美国著名的语言教育家克拉申（Krashen）基于词素顺序研究，提出了输入假设理论。他发现，在词素的习得顺序中，第二语言习得者基本上与儿童习得母语的顺序相一致，母语、年龄、教学并未对其造成影响或者制约。克拉申提出了"i+1"的公式，"i"指的是学习者现有的语言水平，"i+1"则是略超过现有的语言水平。克拉申强调了习得是一种可以理解的输入，并非输出的结果，虽然输入假设理论引发了一系列的争议，但是对于任务型教学产生的影响不容忽视。输入是外语学习中的一个核心环节，虽然并非充分条件，但也是十分必要的条件。站在学习者的角度考虑输入什么、怎样输入，才能实现预期的效果，而在任务型教学中，对于这两点的重视度较高。

5. "输出假设"理论

在二语习得领域，哈奇（Hatch）最早提出语言输出的重要性。斯维因（Swain）在对加拿大的"以内容为基础的教学"和"沉浸式教学"两个项目进行研究时发现，尽管学员有大量可理解性目标语输入，但仍无法准确、流利地进行目标语交流，这与"输入假设"理论的预想产生矛盾。哈奇强调"可理解性输出"的重要性，可理解输出能促使学习者有意识地发展语法能力和关注语言形式，使学习者关注语言问题，有助于检验学习成果。例如，学习者在进行口语表达或写作输出时，会更加注意语法的正确性、词汇的选择以及表达的准确性。通过不断地输出，学习者能够发现自己的不足之处，并加以改进。"输出假设"理论对任务型教学中的小组合作、项目报告等形式具有很大的启示和借鉴价值，在任务型教学中，采用有关的活动能为学习者提供大量的说话机会，即会有大量可理解性语言输出。小组合作中，学习者通过交流讨论，分享观点和经验，不断输出语言。项目报告则要求学习者用目标语进行阐述和展示，进一步增加语言输出的机会。

6. 社会建构理论

社会建构理论认为学习与发展是社会合作的活动，而此种活动是难以被教会的，学习者自身建构了知识，而非由他人产生的。社会建构主义理论着重强调了学习者应立足于自身的经验背景上，建构对于客观事物的主观理解，给予学习过程足够的重视度，反对向学生简单传授现成的知识，并且比较关注人在与他人交际、互动的过程中，实现了自身的学习与发展。

基于社会建构理论的支持，任务型教学能够将教学的过程变得更加充满真实的个人意义，要求外语教师应关注学习者的综合成长与发展，并且为学生提供一些可以同时进行知识学习与探究活动的环境，课堂教学对于学生来说应是充满着各种真实机会，且具有一定挑战性的，学生在课堂学习中应是自由的，按照自己的节奏与自己的经历，可以对学习的过程进行自我调控，从而不断促进自身的发展。

（三）任务型教学模式的基本原则

任务型教学模式的原则由著名语言学家与外语教育家大卫·诺南（David Nunan），以及我国学者龚亚夫、罗少茜提出的，如表6-3所示。

表6-3 国内外学者提出的任务型教学模式原则

有关学者	基本原则	具体描述
大卫·诺南（David Nunan）提出的任务型教学模式原则	扶助性原则	指的是在开始任务活动之前，教师帮助学生铺路搭桥的工作，和教师在课堂中扮演的角色息息相关，也涉及倡导小组活动、合作学习等教学活动形式
	任务相依性原则	指的是教学过程如同一个故事一样，教学的过程中需要将学习任务前后呼应
	循环性原则	指的是只有在一段时间内被不断复现，才能使学生掌握语言，所以教师应尽可能为广大学生创设一些能够接触到的、不同形式的目标语的各种情景
	主动学习原则	指的是学生积极主动地应用语言，从而有效提高自身的语言水平，取得良好的语言学习成效
	整合性学习原则	指的是学生在学习的过程中重视语言形式、语言意义、交际功能这三者之间的相互融合，所以教师需要在实际教学的过程中引导学生意识到语言是一个有机整体
	从模仿到创造的原则	指的是教学任务的设计对学生从模仿语言的阶段过渡至创造性使用语言的阶段有着比较明显的推动作用，如果学生一味地模仿语言，通常难以真正学会语言，只有在不同的环境下实际应用语言，才能使学生掌握、学会语言
	反思性原则	指的是教师应正确引导学生反思所学内容与任务执行时所做的内容，便于学生深入理解、掌握语言
龚亚夫、罗少茜提出的任务型教学模式原则	形式与意义的结合原则	指的是学习的基础是语言的意义和形式，着重强调了设计任务需要重视将语言形式与语言功能相互结合
	真实性原则	指的是应尽可能使学生接触各种比较真实化的语言材料或者真实的语境，任务设计英语学生的实际生活相结合
	在做中学原则	指的是把语言学习视为做中学的过程，结合有意义地应用语言，能够促进学生语言系统的发展，教师应将课堂中大部分的事件用于学生语言运用上，使学生能够借助亲身实践而掌握语言
	互动性原则	指的是学生在完成任务的过程中，通过亲身参与交流与交互活动，能够在一定程度上有效增加输入和输出的机会，以期有效实现使学生掌握语言的目的

龚亚夫与罗少茜基于任务型教学研究者对教学原则的论述上，提出了形式与意义的结合原则，他们也把任务型教学的原则归纳成了七条，其中的扶助性

原则、任务相依性原则、循环性原则与大卫·诺南（David Nunan）提出的一样，其余四条原则分别是如上表所示的形式与意义的结合原则、真实性原则、在做中学原则、互动性原则。

（四）任务型教学模式的优势

语言是人们现实生活中必不可少的沟通、交流工具，对社会的生产与人们的生活所产生的影响不言而喻。人们在学习某种语言的时候，需要注重体现出语言本身的使用性和实用性，语言学习的最终目的是要学以致用，所以应在语言学习的过程中锻炼实际应用能力。任务型教学模式正是以此为主要思想，一步步推进了教学活动的安排，此模式利于学生熟悉语言应用的方式，帮助学生掌握语言技能，而且使学生能够在日积月累中有效强化自身的语言表达水平。综合来看，任务型教学模式的优势有如下几点。

1. 提高教学活动的目的性

教师在引导学生明确学习目标的基础上，鼓励学生在课前积极进行预习，帮助学生解决课中疑惑，引导学生着重理解与记忆，逐步增强学生的学习质量，使学生的学习能够达到事半功倍的效果。基础日语两学年四学期的能力培养能够为学生大二下学期顺利通过全国日语四级考试奠定基础，学生能够自主形成积极主动进行学习的良好习惯，更能进一步为其备考日语能力一级考试做好充分的准备工作。大多数的学生通过前期扎实的知识储备与自学能力养成，都能够形成一套比较适用于自身的学习方式。所以可以看出，任务型教学模式在日语课堂教学中、在学生学习习惯养成等诸多方面有着比较强的应用价值。

2. 增强课堂教学的趣味性

任务型教学的优势十分明显，教师在日语课堂中融合任务型模式，可以使学生基于相关背景知识或者相关场景的指示下，学会结合已知的语言表达，有效提高学习的质量，完成教学活动与任务，增强学生学以致用的水平和能力，令学生能够明确具体的学习内容和方向，全面激发学生学习的积极性与自主性，并且着重体现出语言学习的真实性与及时性。当教学目标具体化、教学内容明确化，并且教学事例简单易懂的时候，学生的思维会更加敏捷。他们在完成任务的过程中，对词汇、语法和句型的运用更加准确合理。任务型教学激发了学生的求知欲，使他们常常有"意犹未尽"之感。

3. 提升学生的日语语言综合应用能力

任务型教学通过设置真实的语言任务，让学生在完成任务的过程中，将所学知识运用到实际情境中，从而提高语言综合应用能力。学生在任务中不断进行语言的输入与输出，锻炼词汇的恰当运用、加快语言转化速度以及提高对话回应的及时性，提升应对实际语言场景的能力。

第二节 小组合作与任务型教学模式在日语课堂教学中的具体实施路径

一、小组合作教学模式在日语课堂教学中的具体实施

（一）组织学生参与合作实用型活动

具体来说，合作实用型活动指的是将解决现实生活中的简单问题作为关键点，从而开展的合作学习活动，再通过小组合作使学生形成学以致用的学习态度。为了达成此目标，教师应在日语课堂教学的过程中适当安排一些比较贴近学生现实生活的教学活动，例如，要求学生应用日语问路、指路、点餐等。在学生们参与有关活动时以小组为单位，在小组长的带领下积极展开交流，并且在课堂中进行了角色扮演活动。此类活动模拟了真实的语境，至少能够在两个方面有效强化日语初学者的合作实用意识。

一方面，该活动将学生置于脱离书本的实际语境，意在培育学生使用日语准确说明具体路线的主观能动性。学生具体应用语言的时候，可再现自己在读写过程中所掌握的知识内容，既能帮助学生巩固读写知识，又能有效培育学生的听说能力。如此，有效平衡了日语传统教学中的听说与读写的比例，让学生的语言综合能力得到全面提升。在实际教学中，应积极开展此类活动，以促进日语教学的良性发展，提高学生的语言运用水平。

另一方面，日语教学中融合合作实用型的学习活动，利于综合日语课程的

实际安排与大学生的日常生活更加贴近，鼓励学生以小组的形式主动进行合作学习，引导学生结合自己的现实生活展开思考和探究，从而增强了学生在日常生活中使用日语的意识，并在潜移默化中提高了学生使用符合日语习惯表达的能力。

（二）组织学生参与合作翻译型活动

翻译作为学生掌握外语以及培养双语人才的途径，是日语专业的学生所掌握的必要技能。由于中日两国语言中都存在汉字但意义不尽相同，日语专业学生容易望文生义，产生错误表达，因此合作翻译活动对于帮助学生深入认知中日语言差异起着重要作用。在初学阶段，选取贴近大学生活的非正式文体、1000字左右的日语文章进行小组合作翻译，为学生提供了实践的机会，推动学生在多个方面的提升。对于一些日语初学者来说，在翻译中日文均存在的词语时，往往容易仅凭字面意思进行翻译，出现日式中文表达。而学生们参与小组合作讨论环节，能够意识到联系语境精确把握词汇含义的作用和意义。小组成员之间可以相互交流、质疑和探讨，对容易产生误解的词汇进行深入分析。例如，某些汉字在中日文中看似相同，但实际含义和用法却有很大差异。学生们通过积极参与小组讨论，可以结合具体的语境，理解这些词汇在不同语言中的特定含义，从而避免望文生义的错误。

合作学习扎根于社会建构主义认知观，视认知发展为社会交互内化进程。在其实施中，学习者对话主导课堂，教师讲授时间受限。JSL（以日语为外语）环境下学习者课外语言接触频繁，可自主悟规，而中国JFL环境学习者依赖课堂学习，教师讲解不可或缺。故我国日语课堂开展合作学习，教师需依国情与学情调适。可于活动中扩增日语输入量，如引入多元语料、组织模拟情境交流等，为学生营造丰富日语接触契机，既契合语言习得规律，又能助力学生构建稳固日语知识体系，提升日语运用能力与跨文化交际素养，推动日语教学质量优化。

二、任务型教学模式在日语课堂教学中的具体实施

（一）任务型教学模式的课前任务

日语教师在开展课堂教学活动前，需用心地为学生安排恰当的课前任务，一种行之有效的课前任务设计思路是依据本课标题进行背景知识剖析以及对课

中的词汇、语法、句型展开自主学习。以第一次课为例,让学生基于本课标题进行背景知识的阐述,能够充分激活学生的主观能动性。

现今的大学生主要是00后群体,他们在互联网时代中成长起来,具备知识面宽广且个人能力较强的特质。当遇到难题时,他们除了向教师和学长请教外,更多地会借助互联网资源。比如,教师将课前任务设定为用日语讲述中日两国家庭的基本构成状况,在课堂教学中,随机挑选班级中的一名学生,要求该学生进行限时5分钟的内容汇报,且要求详细介绍中日两国家庭的特点、差异以及存在的问题。如此,有效激发了学生的学习主动性,由于每个人都有被选中的可能,所以会产生一种"危机感",进而促使他们在课前认真做好准备。

在前文讲述部分,以学生为主进行讲解和会话说明,并就新出语法进行讲述,所以要求学生在课前任务阶段付出更多的时间和耐心,充足储备相关词汇并钻研语法句型。学生在此过程中可能会遇到未知的语法,无法理解其语法意义,也难以疏通文章大意。此时,教师应发挥画龙点睛、承上启下的作用,着重讲解学生疑惑的语法和句型,通过"定制任务"提示,帮助学生"消灭"疑惑。教师可以在课前布置一些具体的问题,引导学生在自主学习过程中有针对性地关注特定的语法和句型。同时可以为学生们提供一些相关的学习资源,如在线课程、学习网站等,帮助学生更好地理解和掌握语法知识。教师还可以组织学生进行小组讨论,让学生在交流中互相学习、共同进步。

(二)任务型教学模式的课中任务

当学生经历了课前学习以及重难点的攻克后,大部分学生对要点知识逐步熟稔起来。所以教师在课中环节,应当适时地让学生结合课后习题以及随机场景练习展开讲评。举例来说,在设定场景任务之际,教师可以引导学生自主准备自己家人的照片,激励学生们开展两人一组的会话活动。如此这般的任务安排,能够切实地考查学生对于课文会话交流的掌握程度。那些对会话内容熟悉程度颇高、知识掌握较为深入的学生,往往在场景会话任务中有着出色的表现,且语言表达连贯流畅。不但彰显了学生的学习成果,也为其他同学树立了良好的典范。

第三节

小组合作学习与任务型教学模式在日语课堂教学中的应用效果与反思

一、小组合作学习在日语课堂教学中的应用效果与反思

从实践教学的效果来看，小组合作学习的方式能够锻炼学生的合作与思考能力。很大一部分学生在学习日语的过程中互帮互助，其中，一些学生在与小组成员共同探讨、学习的过程中，能够被良好的学习氛围带动，在学会知识以后比较有成就感，并加深了学生之间的情感和友谊。学生在进行小组合作时积极提出自己的见解或者想法，能够对其他的同学起到一定的帮助和启发作用，使学生增强日语学习的自信心。

日语教学中应用小组合作学习最大的特点就是学习者通过对话完成任务，此过程涵盖了交互内化，而非个体单纯接受外部刺激进行消化。学生结合语言交互实现知识的内化，在不同的语言学习环境中有着不同的表现。对于 JSL（以日语为第二语言）环境下的学习者来说，他们日常有更多机会接触日语，使用日语完成意义协商相对容易。但对于 JFL（以日语为外语）环境下的中国学习者而言，情况则大不相同。他们日常接触到的日语有限，受语言能力制约较大，仅用日语很难达成知识内化的目标，所以在活动中往往会切换成母语完成对话。

合作学习主要基于社会建构主义认知观，将认知发展作为社会层面相互内化的一个过程。教师在具体引导学生实施合作学习活动时，学习者相互展开对话活动占据了大量的课堂教学时间，而教师在课堂中的讲解时间比较有限。对 JSL 环境下的学习者而言，课堂学习只是一个部分，大量的语言学习与语言接触是在课外发生的，这些学习者可在自己的日常生活中自主领悟、归纳语言规则。然而，对于 JFL 环境下的中国学习者而言，学习目的语主要是在课堂中实现的，因此，教师的讲解十分必要。可见，教师想要使合作学习在我国日语课堂顺利展开，必须根据我国特定的教学环境和学习者的特点做出相应调整。教师可以在合作学习活动中适当增加日语的输入，为学生创造更多接触日语的机会。

二、任务型教学模式在日语课堂教学中的应用效果与反思

在日语教学中实施任务型教学模式时,学生执行任务的态度多为有一定困难但会坚持。结合实际来看,学生认为完成任务过程中比较困难的是寻找材料、上台发言、日语应用和应对同学提问,从而为教师在后续教学中提供了改进的方向,如加强材料搜索方法的指导、提高学生的口语表达能力和应对提问的能力等。任务型教学需要学生投入较多的时间和精力,学生通过完成任务,其在自主学习能力、解决问题的能力等方面得到了锻炼,同时一名学生增强了勇气和坚持,表明了任务型教学法对学生的综合素质培养具有积极作用。

明确的教学任务能提高课堂学习效果和学习针对性,学生在预习阶段了解新语法体系后,进行造句练习可强化记忆和熟悉使用方法。基础日语教学中的文章内容丰富,为任务型教学提供了素材,根据素材进行任务前准备、词汇储备和语法学习,可使表达能力进入良性循环,提高综合应用能力。评估任务型教学法的应用效果显示:课前阶段,学生明确任务目标后学习目的性强,主动性增强,任务型教学起到督促学习的作用;课中阶段,学生虽能独立学习部分知识,但仍需教师辅助讲解。这说明任务型教学虽以学生为主,但教师的引导不可或缺;总结阶段,大部分学生能够自如讲述,但仍有部分学生存在表达错误,所以要求教师在今后的教学中更加注重提高每个人的语言表达能力。

第七章　翻转课堂模式在日语教学中的实践应用

　　本章聚焦翻转课堂模式在日语教学中的实践应用，先从翻转课堂模式的概念着手，让读者了解其基本概念、理论依据、原则、特点等，特征和运行原理。从教师与学生两方面分别阐述实施翻转课堂模式的具体措施，分析了翻转课堂模式在日语教学中的优化路径。并深入探讨翻转课堂模式应用于日语教学的意义，从提升学生学习自主性、增强教学互动性等方面展示其独特价值。

第一节
翻转课堂模式的概念

一、翻转课堂的基本定义

哈佛大学物理学教授埃里克·马祖尔最早在教育领域展开研究，他提出的同伴教学法为翻转课堂的发展奠定了基础。埃里克·马祖尔认为，学习过程可分为传递知识和吸收内化知识两个阶段。在传统教学中，教师往往是传递知识的主导者，但多媒体辅助教学的出现改变了这一局面。多媒体可以代替教师传递知识的角色，使教师从主导者转变为辅助者，从而有更多精力在学生吸收内化知识的环节发挥引导作用，帮助学生解决问题。

翻转课堂的出现改变了传统的教学模式，使学生在学习过程中更加主动。学生可以根据自己的节奏和需求在课下通过网络学习知识，课上则通过与教师和同学的互动进行知识的内化和拓展，提高了学生的学习自主性和参与度，培养了学生的独立思考和解决问题的能力。翻转课堂也对教师提出了更高的要求，教师不再是知识的灌输者，而是学生学习的引导者和促进者。教师需要精心设计在线学习资源和课堂活动，关注每个学生的学习进展，及时给予指导和反馈。在实际应用中，翻转课堂可以结合不同学科的特点和学生的需求进行灵活调整。

二、翻转课堂的理论依据

（一）掌握学习理论

1968 年，美国教育家、心理学家本杰明·布鲁姆（Benjamin Bloom）提出了掌握学习理论，旨在解决个体之间存在的差异问题。本杰明·布鲁姆提倡教师应为不同的学生留出不同的时间，便于使几乎所有的学生都能在自身原有的水平上不断进步，并针对不同学生的实际情况，给予其针对性的指导与帮助，便于学生们能够处于同一个学习水平上。如果学生在某些方面存在着一定的学习困难，教师则应重视起来，并给予其适时的指导，确保学生能够深入理解、掌握所学知识内容。只有教师在教学中为学生提供充足的时间,针对个别学生的情况给予其帮助与指导,学生才能掌握所学知识内容,并顺利进入下一个阶段的学习。

本杰明·布鲁姆反对只有少部分学生取得优异的成绩,他认为大部分的学生都可以好功课,学生间的学习成绩差距主要在于其理解能力的速度与消耗的学习时间,大多数学习速度较慢的学生同样可以通过教师的正确指导达到好的成绩。

与传统教学模式相比,翻转课堂在实现"掌握学习"方面具有明显优势。而翻转课堂可以使学生根据自身情况进行个性化学习,充分发挥自己的主观能动性。

(二)人本主义理论

马斯洛(Maslow)与罗杰斯(Rogers)是人本主义理论的代表人物,他们强调了应体现人的价值、实现人的尊严、充分发挥人的创造力,并且认为发挥潜能的根本在于使人实现自我,而潜能是一种与本能比较类似的性质。马斯洛与罗杰斯认为,教师的基本职责并非单向地为学生灌输知识,而是应给予学生个体足够的尊重,尽可能多地为学生提供各种各样的有助于促进其学习的学习环境或者学习资源,为学生创造、提供学习的平台,使学生能够真正意义上自主掌握学习的主动权。

人本主义理论的教学观念下,教学过程被视为基于相互尊重的良好互动,这意味着在生生之间以及师生之间应构建起民主、平等、相互尊重且相互认同的情感性新型关系。人本主义高度强调以人为本,将关注点聚焦于学生的自我发展。在教学中,学生不再是被动的知识接受者,而是积极主动地进行自我发展的主体。学生通过自主学习,自主建构知识,充分发挥自身的主观能动性和创造力。学生自主学习的过程利于其更好地掌握知识,并培养学生的独立思考能力和解决问题的能力。此外,人本主义还强调挖掘人的创造潜能与情感教育。创造潜能的挖掘能够激发学生的创新思维和创造力,使学生在学习和生活中不断突破自我。而情感教育则注重培养学生的情感素养,让学生在学习过程中体验到积极的情感,如成就感、自信心等。情感教育能够促进学生的身心健康发展,提高学生的学习动力和学习效果。

人本主义理论强调学生的个别差异性,认为不同的人有不同的思考,即使是教师也存在差异，相同的教学资源传达给学生的知识内容未必相同。基于此，教育应从学生个体出发，尊重学生个体差异。在翻转课堂教学模式下，学生成为主体，课下通过教师发布的视频和学习方案独立完成知识建构，课上进行讨论、交流等互动促进知识内化，教师针对重点难点进行讲解，充分体现了针对性差异化学习，与人本主义理论相契合。翻转课堂注重学生的自主学习能力培养，学生在课下根据自己的节奏和需求进行学习，能够更好地发挥自身的优势和潜力。对于理解能力较强的学生，可以快速掌握知识要点，进行拓展学习，而对于理解能力较弱的学生，可以反复观看视频，逐步理解知识内容。这种有针对性、个性化的学习方式满足了不同学生的学习需求，体现了对学生个体差异的尊重。

三、翻转课堂模式的原则

（一）整合设计的翻转原则

翻转课堂本身的内在特质对于日语课程的整体化教学设计提出了明确的要求，提倡日语教师应结合翻转课堂模式，将过去传统的教与学的方式转变，以期有效提高课堂教学的实效性。首要的就是统一设计所有课程，而非做出零星或者局部的调整。

（二）偏重知识型课程与综合型课程的翻转原则

高校日语专业的课程承担着知识教学和技能教学的双重任务，可分为偏重知识型课程、偏重技能型课程和综合型课程。偏重知识型课程主要包括日本概况、语言学课程和日本文学课程等，这些课程注重知识的传授，学生需要掌握大量的专业知识。综合型课程主要是基础日语和高级日语，也称为日语精读课程，兼具知识教学和技能培养的功能。

偏重技能型课程主要有听说课程、阅读课程、写作课程和翻译课程等，其教学任务是提高学生已掌握知识的熟练程度和日语运用能力。此类课程以语言实践为核心，新知识教学任务相对较弱。如果采用翻转课堂教学模式，可以考虑分阶段翻转或分目标翻转。然而，偏重技能型课程的教学任务需要通过教师与学生面对面的思想交流、观点交锋、情感沟通和语言交际来实现。传统课堂在这方面具有优势，而翻转课堂教学模式更重视学生的自我学习和自我体验，在师生间的思想交流和观点交锋上相对较弱。因此，偏重技能型课程的翻转难度较大，建议控制使用。在课型选择上，新授课更适合翻转。因为巩固课、复习课、练习课和试卷讲评课属于知识的第 N 次内化过程，而新授课属于知识第一次、第二次内化，更符合翻转课堂重视知识内化过程的特点。

然而，教师不能为了翻转而翻转，而是需要结合教学内容实际和教学目标实际，有效控制翻转的频率，选择最适合的课程科目，灵活运用多样的教学策略，才能收获良好的教学效果。例如，在日本文学课程中，可以让学生在课下通过观看教学视频、阅读相关文献等方式，对特定时期的日本文学作品有初步了解。课上，教师组织学生进行讨论和分析，引导学生深入理解作品的内涵和文学价值。在综合型课程中，新授课可以采用翻转课堂模式，让学生在课前自主学习基础知识，课上通过互动和实践活动巩固和拓展知识。

（三）教材为主的翻转原则

日语教师在具体实施翻转课堂教学模式时，需综合对每一个知识点、每一节课中的哪些内容能够翻转，或者怎样翻转的问题进行思考。教师选择需要翻转的内容可以将教材作为主要依据，以教材中的重难点部分为核心，合理选择翻转的知识点。由于教材的编写遵循了一定的学科知识体系和教学法原则，具体针对特定的教学对象，由易到难、由浅入深地展开教学，兼顾思想性、科学性、系统性等，并且不考虑教材中的课文题材或者体裁问题，仅仅站在语言知识内在联系的角度上来看，教材本身已经为知识构建了比较合理化的架构。教师在实际教学的过程中，只需要合理分析教材，则能够选择出适合翻转的知识点。在面对一些能够翻转的教学内容时，教师采取翻转课堂教学模式更利于帮助学生实现科学化学习。但是面对一些不适合翻转的教学内容时，教师应及时对教学的策略进行调整、改善、优化，不能一味地硬性翻转。

在日语教学中应用翻转课堂模式，教师在分析、选择翻转的知识点时需综合考虑多方面因素。教学目标是重要的导向，明确的教学目标能指导教师确定哪些知识点适合翻转。学生已有基础也是关键因素，了解学生的知识掌握情况，有助于在课堂互动中有针对性地指导学生解决问题。知识点的学科属性、知识点之间的联系同样不可忽视，例如日语基础阶段以句型为主的教学，类似特点使其翻转操作性较强。而高级阶段知识体系结构松散宽泛，翻转难度增大。日语课程导入主题需一定铺垫，制作网络课程微视频应坚持"抓住重点精选主题，理清思维，锤炼语言，讲深讲透"原则。

（四）科学设计制作网络资源包的翻转原则

翻转课堂的网络资源包是学生在进行新知识学习时的第一次知识内化的依据，网络资源包内可以将教学内容相结合，选择放置教学内容知识点微视频、学习指南、学习测验等模块。翻转课堂教学中的核心要素是微视频，微视频的内容应重点体现出教学的重难点部分，而非与一般教学资源相同。

网络资源包中的微视频需着重区分知识类别，对于学生无法自发建立概念的知识或非良构知识，教师应灵活把控。当学生初步适应翻转课堂模式后，教师可适当降低教学知识难度，选取良构知识作为过渡，待学生逐渐适应后再引入非良构知识。

应用微视频并不代表省略或者减少其他的课堂教学活动，相反，在进行微视频学习之后，学生在课堂中的互动讨论与学习深度才能不断增加，使学生进一步形成了有效的认知。其中包括教师讲解的其他教学活动既需要与微视频相互补充，还需要比微视频具有更加集中的认知聚焦。

并非每个资源包内都应放置所有的模块，如果一些教学内容适合用微视频，则可不用PPT，如果一些教学内容用PPT加音频就能有效解决的，则不用花费较大的成本来录制微视频。教师可以通过作业布置有效实现学生的学习指南、导读与网络连接，目的在于方便学生学习而放置到网络资源包的，且学习测验与机械性训练对开放网络服务器具有更高的技术性要求。

（五）依据教学目标采用灵活多样课堂教学策略的翻转原则

翻转课堂中的一个至关重要的环节是第二次知识内化，即课堂教学。翻转课堂教学的重点是加强课堂中的互动，既有生生间的互动，也有师生间的互动，课堂教学的互动模式是比较多的，教师应切实根据实际教学的内容、对象与环境等方面，对具体的教学策略灵活加以调整、完善。这对教师提出了较高的要求，教师应具备较高的专业知识水平、高度的责任心与高超的教学技能，才可以将各种教学策略进行有效整合，从而完成课堂教学的任务。

四、翻转课堂模式的特点

（一）改变教学流程

传统课堂和翻转课堂存在着根本的区别，改变了课程流程与顺序。在课堂教学开始前，教师先制作学案、教学视频等，并在线上教学平台上发布。学生可在课前通过线上平台进行自主学习，自行进行课前预习，在此过程中对将要学习的知识形成全面的了解，并且在遇到问题时，可反复回放观看、思考，更可以积极和其他同学交流讨论。在后续的课堂学习中，学生再结合教师的讲解进一步吸收知识。翻转课堂模式赋予了学生更多的自主学习权，培养了学生的自主学习能力和问题解决能力。学生在自主学习过程中能够根据自身情况调整学习进度，提高学习效率。而课堂上的讨论互动环节增强了学生之间的合作与交流，促进了知识的深度理解和应用。翻转课堂的教学流程变革为教学带来了新的活力和可能性，有助于提升教学质量和学生的综合素质。

（二）改变师生角色

在翻转课堂中，教师的角色发生了根本性转变，成为教学活动中的指导者和参与者。他们不再单纯地进行知识灌输，而是融入学生之中，与学生共同讨论问题，从而使得教师能够更好地了解学生的学习需求和困惑，及时给予针对性的指导。而学生也从被动接受者转变为讨论交流的主动参与者，他们在课下通过自主学习获取知识，在课上积极参与讨论，提出自己的观点和疑问，极大地提高了学生的学习积极性，激发了他们的学习兴趣和创造力。在日语教学中，教师可以通过发布在线学习资源，让学生在课下自主学习语法和词汇。课上，教师与学生一起讨论日语文章的理解和翻译，学生们积极发言，分享自己的学习心得和体会。

（三）改变课堂教学时间

传统教学模式下，课堂时间主要由教师支配，以教师讲授、学生倾听为主。然而，翻转课堂带来了课堂时间分配的重大变革。在翻转课堂教学中，学生成为课堂时间的主要支配者。如此一来，极大地延长了课堂上师生之间教与学互动的时间。但关键在于教师如何组织课堂学习活动，以实现课堂时间的最大化利用和高效化。教师需要精心设计课堂活动，激发学生的参与热情和主动性，教师可以组织小组讨论、案例分析、项目展示等活动，让学生在互动中深化对知识的理解和应用。同时，教师要关注每个学生的学习进展，及时给予反馈和指导，教师合理安排课堂时间，使学生在有限的时间内获得最大的学习收益。

第二节 翻转课堂模式应用于日语教学的实践方式

一、翻转课堂模式应用于日语教学的教师活动

（一）课前准备工作

1. 分析并确定单元教学目标与学习目标

目标起着导向作用，为学生明晰学习范畴、成果预期及达标要求。课程结束时，基于目标的评估能让学生知晓自身掌握情况。教师在教学设计上应有的放矢，简单内容鼓励学生自主借助教科书、课件学习，特定内容则引导教学。明确教学目标可规避教学的盲目无序，保障教学有序开展，使学生高效达成学习目标，提升教学整体质量。日语教学中，教师明确词汇、语法等具体目标，对于基础词汇可安排学生自主记忆，对于复杂语法结构则进行详细讲解和引导练习。如此能够使教学更具条理，学生学习也更有方向。且清晰的目标有助于教师合理分配教学资源和时间，提高教学效率。

2. 教师在课前制作课堂教学视频

教师团队经过讨论和研究，制定教学目标和学习目标，再由教师代表制作教学视频，从而有效推动教学质量的提高。教师在制作视频时需充分考虑学生的具体情况，不同学生具有不同的自主学习能力和理解能力，因此教师应制作适合他们观看的视频。在内容方面，教师要多花心思，使视频丰富有趣，以吸引学生的注意力，提高他们的观看兴趣。例如，可以在视频中加入生动的

案例、有趣的动画效果或与实际生活相关的场景，让学生更容易理解和接受知识。

教师团队协商教学目标和学习目标，共同制作学案，再由教师代表制作教学视频，此过程确保了教学的系统性和连贯性。教师利用 Liveview 录屏软件和视频编辑软件，精心制作时长为 10～15 分钟的视频，涵盖授课内容、教学目标和学习目标。这样可明确的教学目标和学习目标为学生的学习提供了清晰的导向，使学生能够准确把握学习的重点和方向。并且将重点语法控制在 3 个以内，时间方面则严格控制在 15 分钟以内，充分考虑了学生的注意力集中规律。学生的注意力往往难以长时间高度集中，较短的视频时长和精炼的内容能够避免教学内容的冗长和枯燥，提高学生的学习兴趣和效率。教师通过微信群、QQ 等即时通信软件，将单词、课文发音音频以及教学视频发送给学生，为学生打造了便捷的学习资源平台，这不受时间和空间的限制，学生可以根据自己的学习进度和需求随时进行学习。教师还明确指明学生需要学习完成的任务和要达到的目的，促使学生提前通过观看视频进行自主学习，主动吸收知识。如此培养了学生的自主学习能力，使学生在学习过程中更加积极主动。教师可将学生分成若干小组，鼓励小组成员进行交流讨论。在自主学习过程中，学生提出问题后先进行小组互相学习、互相解决问题。学生在小组中可以分享自己的学习心得和方法，共同探讨问题的解决方案，使学生解决学习中遇到的问题，还能拓宽其思维视野，学会从不同的角度看待问题。课上，先由小组之间互相解决问题，最后无法解决的问题向教师提出，请求教师解答。如此，充分发挥了学生的主体作用，提高了学生的参与度和学习积极性。教师在此过程中扮演着引导者和答疑者的角色，能够更好地满足学生的个性化需求。

（二）课堂教学活动的设计

学生在课堂中观看视频时，因为自身看待问题的角度、理解能力、学习能力等各方面有所不同，所以对事物的理解难免会产生一定的偏差，在学生间容易出现一定程度上的不平衡现象，教师应在课堂教学活动进行的过程中对学生所观看视频的情况进行分析，鼓励学生积极提出自己的疑问，由教师为其答疑解惑。

在日语课堂结束后，组织单元小测验以检查学生对单词、语法造句的应用情况，能有效检测学生自主学习的最终效果。随后引导学生以小组为单位交流，表达对知识的理解，有助于深化学生对知识的掌握。在此过程中，教师不能置身事外，而应走下讲台，融入学生群体，参与探讨活动。当发现学生遇到问题时，及时给予帮助。最终由小组确定并提出具体问题，与教师和同学共同探讨解决。

（三）课后的反思与评价

教学的评价体系应围绕既定的教学目标来构建，课后，教师根据课堂上提出的问题以及学生之间探讨的结果来制作单元测试内容，鼓励学生利用课余时间完成单元测试卷，从而掌握学生的知识掌握程度。学生通过测试可以了解自己的学习成果和不足之处，从而有针对性地进行复习和巩固。且对于教师而言，单元测试有助于了解整体自学效果，为调整教学策略和方法提供依据。教师可以根据学生的测试结果，分析教学中存在的问题，优化教学内容和教学方式，以提高教学质量。

二、翻转课堂模式应用于日语教学的学生活动

（一）课前准备工作

学生应在课前下载教师发布的课件文档或教学视频进行课前观看，提前开启学习之旅。学生在学习过程中可依据自身实际情况进行有节奏的学习。理解能力较强的学生通过一遍观看即可掌握要点，而理解能力较弱的学生则可灵活运用暂停和反复观看的功能，以确保对知识的充分理解。当学生遇到不懂之处，暂停做笔记能及时记录问题，为后续解决问题奠定基础。之后学生再与小组成员相互讨论，分享各自在观看过程中遇到的问题，并尝试互相解决。

（二）课中学习

爱德加·戴尔（Edgar Dale）的实验证实，团队学习与合作学习在效率上远超个人学习。学生经过课前的独立探索学习，初步构建起自己的知识体系。在课中，学生与小组成员交流对知识的理解，此过程促使他们从同伴的视角看待问题，丰富对知识的认知。以组为单位向教师提问以及与其他组相互讨论、相互学习，进一步拓展了知识的深度与广度。学生积极向教师提问，获得解答后与小组成员共同确定并提出问题，再与其他组成员和教师深入探讨，从而有利于知识的深化与拓展。学生通过与同伴交流能够从多元角度理解知识，拓宽

思维视野。而与教师的互动则能确保学习的准确性,及时解决疑惑。

三、翻转课堂模式在日语教学中的优化路径

(一)教学视频体现重难点部分

翻转课堂模式下,学生课下借助现代化网络渠道获取教学视频进行自主学习,教学视频则需直接体现教学重难点部分,以助力学生达到理想学习效果。通常,教学视频时长应控制在 10 ~ 15 分钟,若超出此范围,可能难以保证学生在课堂中的注意力集中。教师在制作教学视频时,为充分调动学生观看兴趣,需确保视频内容具有趣味性与吸引力。这要求教师精心设计教学内容,运用生动的案例、形象的演示等方式,使抽象的知识变得直观易懂。

(二)课堂教学活动的有效组织

在翻转课堂教学模式下,学生无须按照统一节奏学习,可根据自身接受能力反复观看互联网上的视频资料,直至真正理解。学生在课前观看视频、完成学习方案后,除了对学习目标知识存在理解上的疑问,还可能产生其他问题,如在师生互动、生生交流讨论过程中出现的新情境、新问题、新方法和新思路等。因此对教师的课堂组织能力提出了更高要求,教师需要具备丰富的课堂组织经验,以确保学生在课堂上的投入程度。教师应精心设计课堂活动,激发学生的学习兴趣和参与热情。可以组织小组讨论、案例分析、项目展示等活动,让学生在互动中深化对知识的理解和应用。并且教师要关注每个学生的学习进展,及时给予反馈和指导。

1. 做好组织分配的工作

学生占据了翻转课堂的核心位置,翻转课堂可谓是一种把学生作为中心的课堂教学活动,学生在实践学习的过程中可以有效实现自主交流、学习,然而,翻转课堂不可完全离开教师的安排。教师应切实分析每一名学生的水平能力,将学生合理进行分组,做到各个小组之间的互相学习。各小组中选出小组长,小组长应充分发挥自身的职责,代替教师起到监督作用。由小组长代替教师监督检查组员的背诵情况,督促小组成员按照教师学案的要求提前进行学习,并且引导小组成员合理分工。

2. 帮助学生树立学习目标

在开展教学活动之前，教师需充分考量教学目标与学习结果。预先规划教学计划并传达于学生，是教学有序推进的前提。目标设定兼具广泛性与明确性，其广泛性赋予学生探索弹性，内容的详细则使学习预期清晰可感，无论是口头或书面传达，均为学生指明方向。而在课程实施进程中，不定时的目标提醒可强化学生关注度，使其始终围绕目标前行，有效提升学习专注度与学习效果，促进教学相长，以确保学生始终保持对目标的关注和追求。且教师可以运用提问的方法引导学生自己阐述自己的目标或结果，从而促使学生对自己的学习进行深入思考，增强他们对目标的认同感和责任感。例如，教师在日语教学中，可以在课程开始时向学生明确学习该语言的广泛目标，如能够进行跨文化交流、拓展职业发展机会等。同时，详细说明具体的学习结果，如掌握一定数量的词汇、能够进行日常对话等。在教学过程中，教师通过提问让学生思考自己的学习目标，并不断提醒学生朝着目标努力。

（三）引导学生掌握正确的学习方式

1. 学会积极提问

学生如果在学习知识的过程中可以学会自主、主动地发现问题，并且积极提出自己的疑问，那么则能进一步有效提高其学习的实效性。教师在日语课堂教学中应激励学生学习的主动性，对学生的学习将会产生积极的促进作用，并且能够令学生主动、热情地投入课堂学习活动当中。

2. 学会认真倾听

倾听是决定学生最终学习效果的关键因素，而翻转课堂的组成部分之一是课前教学视频，所以对学生提出了明确要求，即认真倾听视频内容。在倾听的过程中，学生需同步进行深度思考，以便更好地理解知识内涵，并及时记录要点与疑惑之处。当遇到听不懂的地方，学生可以灵活运用暂停功能，重复收听以强化理解，甚至在短暂休息后继续倾听，确保知识的连贯性与完整性。

由于学生在翻转课堂中处于主体地位，其倾听的范围也进一步扩大。除了认真倾听教师的课堂讲解这一传统要求外，学生还需善于倾听同学的提问和解答。学生在倾听同学之间的交流时，能够从不同角度看待问题，拓宽思维视野，丰富对知识的认知。可以说，学生能否做到认真倾听直接影响着整个教学效果。认真倾听视频内容有助于学生在课前自主学习中打好基础，而倾听教师讲解和同学交流则能在课堂互动中深化知识理解、促进合作学习。

第三节 翻转课堂模式应用于日语教学的意义

一、有助于学生自主把控学习的进度

教师在实施翻转课堂模式时，可以灵活结合自身的具体情况与学习时间等设定安排、控制学习的节奏，不必追赶一些理解能力与学习节奏较快的学生，更不必等待一些理解能力与掌握速度较慢的学生。可以看出，教师采用翻转课堂模式使学生完全可以在课余时间观看教师所发布的教学视频，真正意义上实现了分层次学习，令学生能自主把控学习的进度。

二、有助于学生整体素质的有效提高

我国素质教育聚焦于尊重学生主体个性，着力培育其创造与自学等关键能力。翻转课堂教学模式契合此理念，致力于强化学生综合素质，塑造全能型学习人才。其摒弃传统教师主导讲解模式，倡导学生依自身理解构建知识体系，极大锻炼理解与学习能力。该模式重视合作学习，引导学生遇问题时协作求解，有效培育合作能力。同时，鼓励学生自主探究，激发求知欲与探究精神。且丰富多元的教学内容拓宽学生知识视野，显著提升学生综合素质，推动了教育革新。

三、有助于"教"与"学"的同步发展

翻转课堂并非仅仅是学生观看视频和提前预习这般简单，翻转后的"学"则将学生推向中心，使其从被动转为主动。学生课前观看视频时需要进行思考，与同伴交流讨论同样需要思考。且翻转课堂重视课前环节，学生拥有大量

自由时间去思考和探究问题。翻转课堂使学生的主动性得到极大激发，他们不再是知识的被动接收者，而是主动探索者。学生通过自主思考和探究，能够更深入地理解知识，培养独立思考和解决问题的能力。并且翻转课堂体现了多种行为的融合，"学"将学生的记忆、理解、思考、应用等多种行为有机地结合在一起，促进学生全方位发展。学生在学习过程中，不仅要记忆知识要点，还要理解其内涵，通过思考提出问题并与他人交流，最终将知识应用到实际情境中。如此，有助于培养学生的综合素养，使其具备更强的适应能力和创新能力。

第八章　现代化信息技术与日语教学的整合及实践应用

在当今数字化时代，现代化信息技术与教育的融合成为必然趋势。本章第一节阐述了现代化信息技术与日语教学的整合意义与方式，展现科技为教学带来的新机遇。第二节介绍基于现代化信息技术的日语教学课件设计与开发，为教师提供高效的教学工具。第三节探讨现代化信息技术支持下的日语网络资源建设，丰富学生的学习渠道。第四节聚焦现代化信息技术支持下的影视配音在日语教学中的实践应用，以创新方式提升学生的语言能力。

第一节 现代化信息技术与日语教学的整合

一、现代化信息技术与日语课程整合的内涵和意义

（一）现代化信息技术与日语课程整合的内涵

现代化信息技术与学科课程整合是当今时代的一个新型模式，二者有机融合可营造信息化教学情境。在此整合模式里，教师主导与学生主体地位相得益彰。教师践行"自主、探究、合作"新型教学范式，有力激发学生积极、主动与创造之特性，推动教学结构从传统教师中心向新型结构深度转型。此变革契合教育发展趋向，提升教学效能，培育学生综合素养，为教育现代化注入强劲动力，促进教育创新与可持续发展。具体而言，其内涵包括构建信息化教学环境，为学生提供丰富的学习资源和便捷的学习工具；实现新型教学方式的应用，鼓励学生自主探索、合作学习；以及推动传统教学结构的变革，打破教师单向传授知识的格局，促进师生互动和学生之间的交流合作。现代化信息技术与学科课程的整合有助于提高教学质量，培养学生的创新思维和实践能力，适应信息时代对教育的新要求。

在日语教学中以理论和整体语言法为指导，充分发挥多媒体设备的工具性功能以及互联网的资源优势等信息技术功能势在必行。将信息技术有效融入日语教学过程，能充分调动学生的主动性与创造性。信息技术改变了传统以教师为中心的教学结构和模式，教师可结合多媒体呈现生动的日语情境，激发学生学习兴趣，利用互联网资源拓宽学生的学习渠道和视野，从而提高教学质量和效率，使学生在更加丰富多元的学习环境中提升日语综合能力。

（二）现代化信息技术与日语课程整合的意义

信息技术能够在教学过程中创建出生动的语言学习环境，从而激发和培养学生学习日语的兴趣。目前，国内大多数日语学习者在大学阶段从零开始学习日语，此时已过语言学习的优势时期，且在母语之外又有了英语的第二语言习得。因此，在日语教学中注重激发和培养学生的兴趣尤为必要。融合现代信息

技术的教学过程，可以创设出生动且具有交际性的日语学习情景。例如，教师应用多媒体展示日本的风土人情、影视作品片段等，让学生直观地感受日语的实际运用场景，使学生在教学过程中保持积极的情绪，在兴奋、愉快的环境中学习和运用日语。信息技术还为学生提供了丰富的学习资源和多样化的学习方式，学生可以通过在线课程、学习软件等进行自主学习，满足不同的学习需求和进度。①

二、现代化信息技术与日语课程整合的途径

（一）以科学的语言教育理论指导信息技术与日语课程整合

想要使学生在学习语言的时候不断提高自身的语言交际能力，教师需要着重从学生的现实情况出发，选定契合语言学习规律的教学法，构建日语综合训练环境，此依托现代化信息技术与科学教育理念。从行为主义与认知主义视角看，教师主导媒体运用；而建构主义则强调学生为媒体使用主体。多元理论视角下的差异使教师在教学中权衡角色定位，科学整合教学资源，为学生打造高效语言学习空间，促进语言交际能力的稳步提升与教育成效的优化。

日语课堂教学中可引入"整体语言法"思想，整体语言法强调语言的整体性，认为语言能力的培养应是全面的，语言学习过程需在自然、真实和完整的语言情境中展开。整体语言法主张将听、说、读、写等技能训练融为一体，注重各项技能教学环节之间的关联，把语言完整地呈现在学生面前，利于学生更全面地理解和运用语言，避免了传统教学中各技能训练相互割裂的弊端。例如，在讲解一篇日语文章时，教师可以引导学生先听录音，感受语言的节奏和语调；然后进行阅读，理解文章内容；接着进行口语表达，讨论文章主题；最后进行写作练习，巩固所学知识。通过这种方式，学生能够在一个连贯的过程中综合运用各项语言技能。

建构主义原则下的信息化教学可被视作整体语言法借助现代信息技术的创新呈现形式，信息化教学赋予学生广阔自由空间，使其能自主开启知识探索之旅。传统分散式语言技能训练课程模式得以革新，转化为多维度、视听说融合的综合性训练流程。基于"整体"与"建构"理念，借助现代教育信息技术，

---

① 李晓丹.大数据视域下网络平台介入日语教学的研究[M].长春：吉林大学出版社，2021：7.

为学生精心打造了促进日语综合交际能力提升的优质环境。此环境激发学生多元感官参与，促进知识深度整合与能力全面发展，有力推动语言教学的现代化转型与教育质量的进阶提升。

（二）围绕"主导—主体型"教学结构的建设而整合

对于信息技术与日语课程的整合而言，其核心应紧紧围绕"主导—主体型"教学结构的创建展开。现代信息技术与课程整合的实质在于变革传统以教师为中心的教学结构，创建新型的"主导—主体型"教学结构，从而发挥教师的主导作用，并充分体现学生的主体地位。在信息技术与日语课程的整合过程中，应紧密围绕"主导—主体型"这一新型教学结构进行。

教学结构是教学系统四个要素，即教师、学生、教学媒体、教学内容相互联系、相互作用的具体体现。围绕"主导—主体型"教学结构的创建进行整合，则要求教师在整合过程中密切关注这四个要素的地位与作用。对于教师而言，要充分发挥主导作用，利用信息技术精心设计教学内容和教学活动，引导学生积极参与学习。学生作为学习的主体，应借助信息技术主动探索知识，提高自主学习能力。教学媒体作为重要的辅助工具，要为教学提供丰富的资源和多样化的交互方式。教学内容则应结合信息技术进行优化，使其更具吸引力和实用性。认真分析并采取相应措施关注教学系统四个要素，是实现有效、深层次整合的关键，教师可以利用在线教学平台发布学习任务和资源，学生通过平台进行自主学习和交流讨论。① 教学媒体可以提供生动的日语视听材料，帮助学生更好地理解和运用语言。并且教学内容可以结合实际情境进行设计，提高学生的学习兴趣和参与度。

（三）利用线上教学管理系统软件平台的优势

线上教学管理系统软件平台以课程为中心集成了网络"教"与"学"环境，打破了教学活动受限于教室有限课时的局限，使教与学在课外也能顺利进行。教师可利用线上教学管理系统软件平台将与知识模块相关的学习资料、作业任务、测试题、小组协作、评价活动等有序组织，为学生提供课下自主学习的支架。学生则能通过该平台进行预习、复习、完成作业、参加测试、讨论学习内

---

① 李晓丹.大数据视域下网络平台介入日语教学的研究［M］.长春：吉林大学出版社，2021：109.

容以及与教师和同学进行同步或异步交流。日语课堂教学与线上教学管理系统软件平台的有机结合，极大地延伸了课堂时空。学生可以根据自己的节奏和需求进行学习，提高了学习的自主性和灵活性。而教师也能更高效地管理教学资源和学生学习进度，提高教学效率。线上教学管理系统软件平台主要功能包括三个模块，如图 8-1 所示。

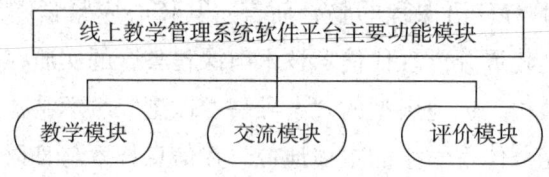

图 8-1　线上教学管理系统软件平台主要功能的模块

日语课程中可根据这三个功能模块分别进行构建。在教学模块，教师可以上传丰富的日语学习资源，如课件、音频、视频等，满足学生不同的学习需求。在交流模块，学生可以就日语学习中的问题进行讨论，分享学习心得，促进相互学习。在评价模块，教师可以设置在线测试、作业提交与批改等功能，及时了解学生的学习情况，为教学调整提供依据。

1. 教学模块

日语教学模块涵盖了课程信息、课程文档、日语影视听说等多个方面。其中，课程信息部分，如课程简介、教学大纲和教学方案等，为学生提供了课程的整体框架和目标指引；课程文档中的多媒体课件、教学内容和关联知识等丰富了教学资源，有助于学生系统地学习；而日语影视视听说模块尤为关键，它提供经过筛选的日语原版视频，生动形象地展现日本社会文化风俗。通过真实情景，激活学生头脑中的语言记忆，有效增强学生的日语综合应用能力。

2. 交流模块

交流模块通过提供外部信息资源链接，有效突破了传统教学资源与课时局限。丰富文字材料成为提升学生日语阅读素养的重要基石，文字有声与有声影像材料则作为优质语言输入途径，助力学生听力强化与课堂知识巩固。讨论区的构建更是独具匠心，其涵盖的多元板块构建起师生互动交流的桥梁。在交流学习板块，思想碰撞激发学习活力；日本风情文化板块，拓宽学生文化视野；疑难解答板块，及时化解学习困惑。可见，交流模块为教学注入新活力，促进学生全面发展与教学效果优化。

3. 评价模块

评价模块主要涉及自我测试及成绩呈现,其中提供的日语在线测试涵盖听、说、读、写几大主要内容。对于学生而言,可定期进行自测,从而清晰地了解自己的学习情况和语言水平,明确自身的优势与不足,以便有针对性地进行学习调整。对于教师而言,可结合评价模块全面了解学生在各教学环节中的知识掌握情况。教师依据学生的测试结果,分析其薄弱环节,进而制定相应的教学对策。例如,若发现学生在听力方面较为薄弱,教师可增加听力训练的比重,提供更多的听力资源和练习机会。如此能够有的放矢地提高教学质量,使教学更加高效、精准地满足学生的实际需求。

第二节 基于现代化信息技术的日语教学课件设计与开发

一、多媒体教学课件概述

(一) 多媒体教学课件的基本特点

多媒体教学课件主要具备几个特点,如图8-2所示。

图 8-2　多媒体教学课件的特点

1. 表现力丰富

课件采用多种媒体效果,能够生动直观地模拟出普通条件下难以实现或肉眼难以观测到的现象,精准呈现客观事物的时间顺序、空间结构和运动特征等。作为一种将视听有机结合的教学手段，极大地活跃了课堂教学气氛。学生在生动的展示中，更易集中注意力，积极参与课堂互动。同时拓宽了学生的知识视野，使学生能够接触到更广泛的知识领域，激发学生的学习兴趣和探索欲望，为提升教学质量和学生的综合素质奠定基础。

2. 交互性较强

日语教学的课件可以结合学生输入的信息，深度理解学生的意图，并且结合恰当的教学方式，指导学生开展针对性的学习活动。结合及时的反馈信息，适当调整日语教学的广度与深度，确保学生获取知识的完整性与可靠性。

3. 容量较大

日语教师应用现代化多媒体技术，可以使课堂教学获得极大程度上的拓展，大大增加课堂教学的容量，并拓宽学生视野，从而有效提高日语课堂教学的效果。

4. 共享性较大

在当今时代，网络技术的迅猛发展以及多媒体信息的自由传输，为教育带来了重大变革。以网络为载体的多媒体课件，极大地促进了教学资源的共享。网络打破了地域和时间的限制，使教育资源能够在全世界范围内进行交流。不同地区的教师和学生可以通过网络获取丰富的教学课件，拓宽知识视野，丰富教学内容，提高了教育资源的利用效率，并为教育的均衡发展提供了有力支持，推动了全球教育水平的整体提升。

（二）网络多媒体教学课件与一般课件的区别

数字化教育时代，网络课件与传统的 CAI 教学软件有着明显的区别。网络课件基于 Browser/Server 模式开发，能够在 Internet 或 Intranet 上发布，其本质是一种 Web 应用程序，网络课件的优点有如图 8-3 所示的几点。

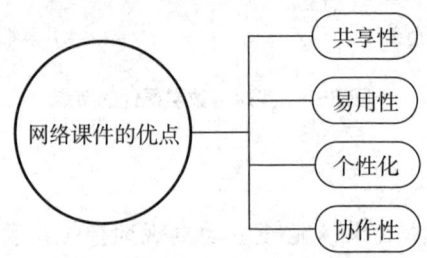

图 8-3　网络课件的优点

1. 共享性

网络课件的共享性特性极大地提高了教育资源的利用效率,一个网络课件可以同时被众多人使用,学校将其放置在校园网上,所有连通校园网的教室都能同时使用,使得教学资源能够在更大范围内传播和共享,从而打破了传统教学软件在使用人数和空间上的限制,为更多的学生提供了学习的机会。

2. 易用性

网络课件体积小,传输速度快,通过浏览器即可直接使用,无须在客户端进行安装和维护,是一种简单、统一的学习方式,减少了技术障碍和烦琐的操作,使学生能够更加便捷地获取学习资源。无论是在学校、家庭还是其他场所,只要有网络连接和浏览器,学生就可以随时随地进行学习。

3. 个性化

网络课件赋予学生自主学习的能力,学习不受时空限制。学生可以根据自己的学习进度和需求,自定学习步骤,灵活性极强。不同学习能力和学习风格的学生可以根据自身情况调整学习节奏,选择适合自己的学习内容和方式,实现个性化的学习体验。

4. 协作性

网络的通信功能使得在线交流与协作成为可能,学生之间、师生之间可以通过网络课件进行实时交互,交互性强,信息反馈快。协作学习的方式有助于激发学生的学习兴趣,培养学生的合作精神和沟通能力,促进知识的共同建构。

二、基于现代化信息技术的日语强化教学课件的设计

(一)日语强化教学课件设计的基本原则

1. 教学辅助的原则

教学辅助原则在计算机多媒体辅助日语教学的运用中至关重要,结合实践来看,合理应用虽可使课堂教学效率呈"几何级"提升,但切不可背离原则。过度追求现代化而滥用多媒体,会使教学本质异化,教师角色错位,教学效果适得其反。教师主导作用在多媒体辅助教学中仍居核心地位,其与学生间自

然语言交流所蕴含的亲和力与灵活性，以及课堂互动的高效性，是多媒体难以企及的。因此，在日语教学中，应将多媒体作为辅助工具，与教师主导有机结合，充分发挥各自优势，构建高效且富有活力的教学模式，以完成达成教学目标与提升学生素养的双重任务。而多媒体主要是作为一种辅助工具，为教学提供丰富的视听资源、创设真实的语言情境等。教师应把握好使用多媒体的度，将其与传统教学方法有机结合，充分发挥各自的优势，以提高教学质量。

2. 建立信息资料库的原则

在日语强化教学中，同级别的教学内容趋同，统一多媒体课件的制作有其显著优势，可大幅缩减教学准备时长并提升教学质量。但不容忽视的是，教师教学风格与策略存在个性化差异。若全然依赖统一课件，会限制教师自主性，使其难以施展独特教学艺术，不利于教学方法创新与因材施教理念的践行，进而可能影响教学效果的优化与学生学习体验的丰富性。此时，信息资料库的建立就显得至关重要。教师们制作的个性化课件可以成为更改和完善统一教学课件的重要资料来源，不同教师的教学视角和方法各具特色，他们在教学过程中所制作的个性化课件能够为统一课件的优化提供丰富的灵感和实际案例。且信息资料库为教师制作个性化课件提供了便利，教师可以任意将某一课的内容下载到本地计算机，再从资料库中寻找所需的图片、音频、视频等资料，然后按照自己的思路对课件稍加修改，即可快速完成属于自己的个性化课件。这样一来，既简单又快捷，极大地提高了教师的工作效率。教师结合信息资料库，可以选取合适的素材，打造出更具吸引力和针对性的教学课件。

3. 简洁方便的原则

课件页面应具有美观性，需符合学生的视觉心理，以提升学生的学习兴趣和专注度。操作的简单性同样不可忽视，不应要求大量的预备技能，确保教师和学生都能轻松上手。课件中所提示的信息要详细、准确且恰当，为使用者提供清晰的指引。若课件制作过于复杂，会给教师带来心理压力，使其不愿使用。复杂的操作流程可能让教师在课堂上花费过多时间去摸索，影响教学进度和效果。简洁的课件界面能够让教师将更多精力放在教学内容的传达和学生的学习引导上，有效提高教学效率。

4. 目的性的原则

多媒体辅助日语课程教学的初衷，在每一节课中得到落实就是目标，目标指导且支配了所有的教学活动。日语教学的目标应切合实际，不能过高，也不能过低。因此，日语教学中在确定目标的时候，教师应遵循"最邻近发展区"理论与 n+1 输入假设理论而设计，以求确保日语教学课件的合理性与可行性。

5. 整体性的原则

从多媒体辅助日语强化教学所承担对象的整体性来看，教学绝非仅仅是语言知识的单向传输。语言作为文化的载体，日语教学能够成为一扇窗，开启学生对日本文化、艺术等多元领域的认知之门，从而丰富其精神世界。例如，在讲解日语词汇、语法的过程中，穿插介绍日本传统绘画浮世绘的风格特点、日本茶道的礼仪内涵等，使学生在语言学习的同时，领略异国文化的魅力，拓宽文化视野。同时，学生在学习过程中面临着各种压力，关注其心理状态并及时疏导是促进心理健康发展的关键。教师可通过课堂互动、课后交流等方式，敏锐察觉学生的情绪变化，给予鼓励与支持。并且，不能忽视学生体质的增强，合理安排教学活动节奏，鼓励学生参与体育锻炼，确保生理、心理与智力技能的和谐共进，以实现整体素质的全面提升。多媒体辅助日语强化教学系统自身的整体性同样不容忽视，教师、学生、多媒体信息、多媒体技术这四个要素紧密相连、相互作用。教师作为引导者，需具备良好的多媒体运用能力，依据教学目标筛选合适的多媒体信息，借助多媒体技术将抽象的知识形象化，如利用动画演示日语动词的变形规则，激发学生的学习兴趣，优化教学效果。学生作为学习主体，应具备自主利用多媒体资源的意识与能力，主动探索日语学习网站、观看日语影视作品等，拓宽学习渠道。多媒体信息涵盖丰富的日语文本、音频、视频等资料，为教学提供了充足的素材源泉。而多媒体技术则从硬件设备到软件平台，为整个教学过程提供稳定的技术支撑，保障教学活动的顺利开展。只有深刻理解并切实遵循多媒体辅助日语强化教学的整体性原则，才能构建起高效且全面的日语教学环境，培养出具备扎实语言能力、健全人格与良好综合素质的日语人才，推动日语教学在新时代教育背景下不断发展与创新。

6. 主体性的原则

主体性原则以教师和学生为双主体，充分发挥各自作用，是提升教学效果的重要途径。教师的主导性作用在于精心进行教学设计，根据学生实际接受能力确定教学信息量，挑选恰当的多媒体材料，引导学生积极主动学习知识。教师通过合理的教学设计和资源选择，可为学生搭建起有效的学习框架。学生的主导性作用则表现为在学习过程中认真观察、积极思考、自主发现并提出问题，运用所学知识分析、解决问题，在自主动脑、动手、动口的过程中获取知识，发展智能，且能自主选择合适的多媒体教材自学，学生的主观能动性是推动学习深入进行的动力源泉。民主、友好、平等的师生关系能充分调动教师"教"与学生"学"的积极性，使教学过程处于相互促进、协同互动的状态，有助于营造良好的教学氛围，激发学生的学习热情，促进教师不断改进教学方法，实现教学相长。

7.视听与思考相结合的原则

多媒体为教学带来丰富的视听体验，然而仅有视听是远远不够的。多媒体辅助日语强化课堂教学不能缺少视听元素，其能够生动地呈现语言情境、发音示范等，增强学生的直观感受。但如果只有视听而缺乏思考，就无法实现教学的真正目的。视听与思考相结合的原则强调学生的认识不能仅停留在感性阶段，结合视听激发学生的兴趣和感知后，必须引导学生进行深入思考，促使其从感性认识上升到理性认识，实现由形象思维向抽象思维的转化。例如，在观看日语视频后，教师可引导学生分析语言表达、文化内涵等，培养学生的批判性思维和分析能力。只有将视听与思考紧密结合，才能充分发挥多媒体辅助教学的优势，提高日语强化课堂教学的质量和效果。

8.媒体选择与组合优化的原则

从整体角度来看，媒体的选择与组合应该是当前条件下比较好的，选择媒体应充分考虑教学的现实需求与媒体的功能、特点等。可以说，不论采取怎样的媒体进行教学，都能或多或少地令学生学习到知识。某一种媒体可能对于某种教学活动而言会取得相对较好的效果，所以日语教师在选择媒体的时候应特别注意那些能够取得更好效果的媒体。一般情况下，应用多种媒体比只应用一种媒体的学习效果更强。教学涉及了诸多的环节与步骤，离不开多种媒体之间的相互配合，也是主要由于多媒体能够令学生结合自己的多重感觉器官来接收知识，进一步有效强化其学习的效果。

（二）基于现代化信息技术的日语强化教学课件的前期准备

1.搜索教学资料

合适的素材可显著增强课件的表现力，能够调动学生学习积极性。以视频和动画呈现生活中难以见到的现象，能有效激发学生的学习兴趣，开启他们对未知领域的探索之门。图片作为一种直观的视觉元素，不但具有吸引学生注意力的作用，还能以生动的方式阐释问题，使抽象的知识概念更加具象化。语音解说在画面呈现的同时进行及时介绍，为学生理解相关内容提供了有力的辅助，确保知识的传达更加准确清晰。而合适的背景音乐则如同催化剂，能够烘托气氛、渲染情绪，为教学营造出特定的氛围，增强学生的情感体验。

素材的准备工作涵盖多个方面。其中，文字录入要求准确、精练，为教学内容奠定坚实的基础。图形和图像的获取需注重质量与相关性，经过精心编辑后，能更好地契合教学主题，提升视觉传达效果。音乐的选择要恰当，与教学情境相呼应，以增强教学的感染力。视频的截取需精准把握关键内容，选取最具代表性的片段，为教学提供生动的案例。动画的制作则应富有创意，以其独特的动态效果吸引学生，增强教学的趣味性与吸引力。

2. 教学需求分析

明确应用课件要达到的目标以及对应的教学模式，如课上教学型、课外自学型、练习辅导型等，能为课件的设计和制作指明方向。依据此可大体规划所需的媒体表现形式，充分发挥多媒体的优势，进而提升教学效果。制作庞大的教学课件需要巨大投入，不仅教学软件的运行依赖一定的硬件建设基础，如计算机设备、网络设施等，其设计与制作也需投入人力，包括教学设计人员和技术开发人员等。为获取详细、准确的需求分析数据，进行一系列实验是必要的。选定具有代表性的教学单元，根据教学内容和过程制作完整的课件样本，并不断修改和补充。经过多次再应用和再修改，课件在教学辅助中的优越性得以逐渐显现。

（三）基于现代化信息技术的日语强化教学课件的教学设计

1. 分析课件教学内容

日语教师需对教学内容进行深入剖析，了解大纲要求，精准把握重点与难点，明确传统教学方法的局限之处。课件教学内容依据教学大纲和教师普遍教学方案确定，且应选拔优秀教师参与制作，以确保内容的准确性和实用性。日语短期强化教学分初、中、高三个级别，不同级别对应不同教材。以初级教材中的实力日本语为例，其教学内容涵盖单词、文型、视听、练习四个部分。

（1）单词部分。由于每一课的单词量庞大，教师需先将单词导入教学。过去，教师常采用文字卡片展示、传授发音、选取图片或引导造句等方式帮助学生记忆生词。如今，为达到更好的导入效果，教师可将相关过程编写为课件形式，通过计算机设备播放。具体而言，教师先向学生展示与单词相对应的图片，播放该单词的标准发音，之后再展示文字。如此，改变了传统授课顺序，加入了单词的标准发音。学生能直接跳过母语翻译过程，记住日语的标准化发音，有效避免受口音影响。

（2）文型部分。在日语教学的文型教学环节，传统教学媒体一般是黑板与图片的组合，教师板书例句及结构框架后借助图片引导造句练习，以精讲多练模式有力促进学员对文型的理解与掌握，其教学成效有目共睹。但在教学技术持续革新的背景下，教学策略的优化成为必然。以课为单位制作包含例句与结构框架并插入关联图片的课件，能有效解决传统方式的不便。从而减轻教师上课的教具负担，避免携带大量图片及课堂上烦琐的翻选操作，并且可以使教学流程更为流畅，提升教学效率。同时，课件的可重复性利用与易于修改完善的特性，也有利于教学资源的积累与教学质量的长期稳定提升，为日语文型教学注入新的活力与发展契机。如此，既节省了时间，教师可以将更多精力放在教学引导和与学生的互动上，也提高了效率，课件中的图片和例句可以更加有序地呈现，方便学生理解和记忆。例如，教师在讲解某一特定文型时，课件可以依次展示例句、结构框架分析以及生动的图片示例，让学生更加直观地感受文型的用法。并且教师可以利用课件的交互功能，进行即时的练习和反馈，进一步强化学生对文型的掌握。

（3）视听部分。多年来，学校一直采用与教材相配套的录像资料，教师通过播放、讲解录像内容，帮助学员更好地理解并运用所学知识。实践充分证明此授课方式效果显著，理应继续沿用。视听教学能够为学生提供生动、直观的语言学习环境，学生通过观看录像可以接触到真实的日语语言场景、语音语调以及文化背景，从而加深对语言的理解和感悟。并且教师的讲解能够引导学生关注重点内容，提高学习的针对性和有效性。

传统录像带庞大的体积与有限的存储量，极大地限制了信息的承载量与便捷性。较差的跳跃使用性，使得在定位特定内容时极为耗时，漫长的倒带过程严重影响使用效率。同时，高昂的复制成本、冗长的复制时间以及少量的复制数量，阻碍了其共享性的实现，难以在广泛范围内传播信息。反观计算机视频文件，尽管硬盘体积相对较小，却凭借先进的存储技术实现了大容量存储，能够容纳海量的视频数据。借助网络的强大力量，可轻松达成资源共享，打破了时空界限，同一视频文件能够在不同地域、不同使用者之间同步或异步使用，极大地拓展了信息传播的广度与深度。其便捷的随机选取播放点功能，赋予使用者高度的自主性与灵活性，几乎瞬时的响应速度，有效节省了时间成本，为信息的高效获取与利用提供了有力保障。例如，教师可以在课堂上更加便捷地播放视频文件，根据教学需要随时暂停、快进或后退，以更好地引导学生学习。学生也可以在课后自主观看视频，进行复习和巩固。并且通过网络共享，学生可以获取更多的学习资源，拓宽学习渠道。

（4）练习部分。练习是语言类教学活动中必不可少的一个环节，想要使学生学好外语知识，重在引导其多练，教师可通过多种形式组织学生进行练习，练习活动形式的多样化能够将学生学习的积极性和兴趣充分激发出来。教师如果想要在课堂中将一些感性材料适当展现，为学生创设良好的学习情境，则需要融入大量的素材资料。所以，学校可建立一些教学资料库，以供广大教师自由使用。

2. 明确教学的策略

多媒体网络教学课件应被视作传统教学模式的有益补充与优化力量，在这一新型教学模式中，教师的角色定位依然稳固且关键，作为引导者、组织者与教育者，教师凭借其专业素养与教学经验，把控教学方向、组织教学活动并实施教育影响。而学生作为学习的主体，其主观能动性的发挥是学习成效的核心要素。多媒体虽具有信息呈现多元化、交互性较强等优势，但绝不能本末倒置，取代教师与学生的中心地位。从教学工具的本质来看，多媒体计算机与传统的电视机、黑板、粉笔等一样，都是为教学服务的手段。尽管多媒体能够承担部分原本由教师完成的任务，如知识的直观展示、信息的快速传递等，但教师在情感交流、思维引导、个性化教育等方面的核心作用是不可替代的。部分新手教师在接触多媒体教学时易陷入误区，过度聚焦计算机操作与课件展示，而忽略了学生在课堂上的学习反应，显然违背了教学的初衷。教学内容的特性决定了其呈现方式，并非所有教学素材都适宜以多媒体形式展现，教师需依据教学目标、学生特点与教学内容的性质，合理抉择多媒体的运用时机与程度。多媒体技术应在教师的精心调配下，精准服务于教学过程，助力教学效率提升、学生知识构建与能力培养，而非主导教学走向，从而构建起和谐、高效且富有活力的多媒体网络教学环境。

3. 选择与设计教学媒体

多媒体计算机所蕴含的"多媒体"概念被赋予了全新且特定的内涵，其涵盖文本、图形、声音及视频图像等丰富的信息符号形式，并且具备对这些信息符号进行处理与呈现的多元功能。在相关课件应用场景里，联网的多媒体计算机成为核心教学媒体。与之协同运作的显示器（电视或投影仪）能够将计算机内部存储的文字、图形、声音以及视频图像等信息以直观可视的方式展示于学生面前，为学生构建起多感官接收信息的学习环境。音箱则进一步补充完善，确保声音信息的高质量输出，使学生能够全方位地感知教学内容，从而优化学习体验，提升知识吸收与理解的效率，促进教学效果的显著提升。在日语教学中，教师通过多媒体计算机可以为学生播放生动的日语原声视频，让学生感受真实的语言环境和语音语调，或者展示精美的图片，帮助学生理解日本的文化和风俗习惯，还可利用音频文件进行听力训练等。显示器和音箱则能够将这些信息清晰地呈现给学生，增强教学的直观性和感染力。

4. 教学课件基本结构的设计

课件主界面分为十个部分，涵盖了多个关键功能领域，为教学活动提供了全面而系统的支持。日语初级部分分为实力日本语和新概念日本语两种教材，尽管教学内容存在差异，但教学方法基本相同，从而为制作课件提供了统一的策略方向。以课为单位进行划分，每一课分为单词、文型、视听及练习四部分，更利于学生系统地学习日语基础知识。单词部分为语言学习奠定基础，文型部分帮助学生掌握语法结构，视听部分通过多媒体资源提供真实的语言环境，练习部分则巩固所学知识，提升语言运用能力。日语中级和高级部分依据不同教材以课为单位制作，体现了教学的针对性和层次性。日语高级每一课分为文型、视听、会话及练习四部分，更加注重语言的实际交流和应用。会话部分的设置有助于学生在实际情境中运用所学语言进行交流，提高口语表达能力。

图片库按照初级、中级、高级三大块进行存储分类，为不同阶段的教学提供了丰富的视觉辅助资源。教师可以在教学过程中根据教学内容和学生的学习水平选择合适的图片，帮助学生更好地理解和记忆语言知识。例如，在初级阶段，可以使用简单的图片帮助学生认识单词和基本语法；在中高级阶段，可以使用更复杂的图片引导学生进行会话和写作练习。

音频库存储与每套教材相关的录音资料以及日文歌曲，录音资料可用于听力训练，帮助学生提高听力理解能力。日文歌曲可以增加学习的趣味性，且令学生感受日语的语音节奏和韵律，培养语感。教师可以在课堂上适当播放日文歌曲，激发学生的学习兴趣，营造轻松愉快的学习氛围。

视频库存储与每套教材相配套的录像资料以及一些日文经典影片，录像资料可以辅助教学，展示真实的语言场景和文化背景，帮助学生更好地理解语言的实际应用。日文经典影片则为学生提供了了解日本文化的窗口，拓宽学生的文化视野，增强学生对日语学习的兴趣和动力。

题库分为模拟题和能力考试试题两部分，每一份试题包括文字试卷、听力录音及试题答案三个部分，为学生提供了全面的练习和测试资源，有助于学生检验自己的学习成果，发现不足之处并加以改进。教师可以根据教学进度和学生的实际情况选择合适的试题进行测试和练习，及时了解学生的学习情况，调整教学策略。

教师个人网络存储空间通过FTP形式在课件发布的服务器上为每一位教师提供512M的网络空间，此设计为教师提供了极大的便利，教师可以通过用户名和密码登录服务器，随时随地上传或下载教学资源。教师可以将自己制作的课件、教学资料等上传到服务器上，与其他教师共享资源，也可以下载其他教师分享的优质教学资源，提高教学效率和质量。

工具栏中存放一些工具软件，为教师制作个性化课件提供了支持。教师可以根据教学需求自由下载、安装并使用这些软件，制作出更加丰富、生动的教学课件。例如，教师可以使用图片编辑软件对图片库中的图片进行处理，使其更符合教学要求；使用音频编辑软件对录音资料进行剪辑，制作出更具针对性的听力练习材料。

三、基于现代化信息技术的日语强化教学课件的开发

（一）基于现代化信息技术的日语强化教学课件的开发工具选择

复杂多样的素材唯有经系统整理与精细加工，方能适用于课堂教学实践。多媒体辅助教学与课件开发协同共进，而课件开发依赖特定多媒体开发工具。教师制作多媒体日语强化教学课件时，面临教学素材的多元性挑战，涵盖文字、图片、录像与录音资料等。

对于大量的图片素材，扫描仪或数码相机可将其存入计算机，随后使用Adobe Photoshop进行加工处理。结合调整色彩、对比度、裁剪等操作，使图

片更加清晰、美观，以更好地服务丁教学内容的展示。对于音、视频资料，采集卡将其采集到计算机后，借助 Adobe Premiere Pro 8.0 或 Cool Edit Pro 2.0 等视频编辑软件进行编辑、分割和转换。可以去除不必要的部分，优化音频质量，使音、视频资料更加符合教学需求。再利用 Power Point 将课堂中需要演示的文本、图片及音、视频文件以课为单位编辑成独立的小课件，这样的小课件具有针对性强、便于展示的特点，能有效提高教学效率，为学生带来更加丰富的学习体验。之所以选用 Power Point 编辑课件，主要原因有几点，如图 8-4 所示。

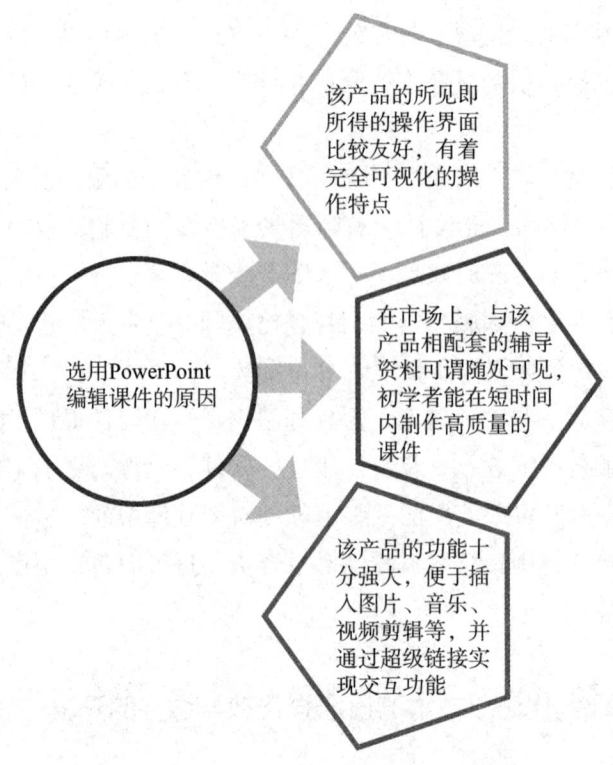

图 8-4　选用 Power Point 编辑课件的原因

（二）基于现代化信息技术的日语强化教学课件的运行环境

使用该教学课件的教室需配备一台满足特定条件的计算机，操作系统应为简体 WindowsXP 且 IE5.0 以上版本，以确保良好的兼容性和稳定性。CPU 要求 Pentium (R)4 以上，能够为课件的运行提供足够的处理能力。显示器需具备 32bits 解析度，呈现清晰的图像。RAM 应在 256Mega 以上，保证系统运行的流畅性。同时,必须配有声卡、网卡和鼠标,以满足音频播放、网络连接和操作需求。最佳界面为 1024×768,提供舒适的视觉体验。教室内还应具备与电脑相连的设备,将电脑中的音、视频文件展示给学生。音频可通过麦克传送,视频效果可借助电视机或投影仪实现,为学生营造丰富的视听学习环境,提升教学效果。

(三)基于现代化信息技术的日语强化教学课件的测试与评价

1.课件的评价方法

通常而言,对课件的评价方法有四种,即实验、专家评估、现场应用与综合应用。

(1)实验方法。验是教育研究的常用手段,在课件评价方面起着独特作用。所谓实验,即在特别安排的教学条件下,将课件置于教学实验组中使用,以判断课件质量。一般会选择一部分学生作为实验组,另一部分学生作为控制组。在实验组中应用课件进行教学活动,而控制组则采用传统教学方式。以教育测量工具采集数据,如学生的考试成绩、课堂表现、学习兴趣等方面的数据,再系统化地分析处理有关数据,从而对课件的质量加以评判。例如,教师可以比较实验组和控制组学生在知识掌握程度、学习能力提升等方面的差异。如果实验组学生在这些方面表现更优,那么可以初步判断该课件具有一定的优势。实验法能够在较为严格的条件下对课件进行评估,排除一些干扰因素,使评价结果更具客观性和可靠性。并且采用实验方法还可以发现课件在使用过程中存在的问题,为进一步改进和完善课件提供依据。结合实践经验来看,实验有几个显著的特点,如图 8-5 所示。

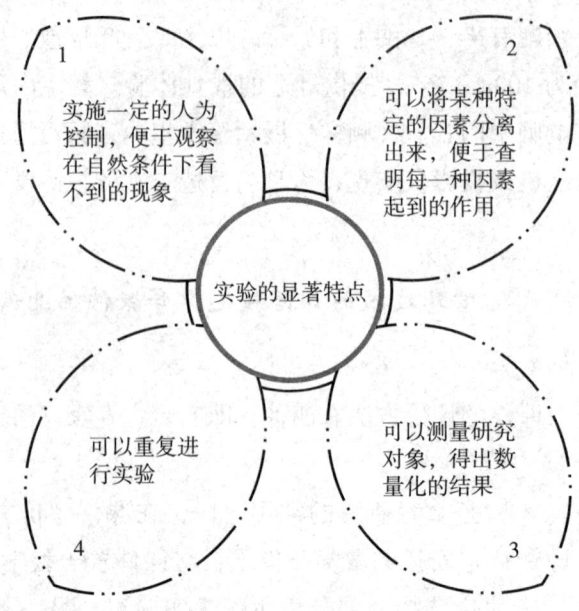

图 8-5　实验的显著特点

（2）专家评估方法。专家评估指由计算机辅助教学、课件设计制作以及相关学科的专家通过查阅课件产生的文档资料，观察与记录课件运行状况，并依照一定的判断标准进行评价。目前，我国许多地方组织的课件评比大赛多采用这种方式。

专家评估是有经验的专家学者能够对课件设计和制作中的问题与不足给予准确的诊断分析，并提出有价值的建议。他们凭借丰富的专业知识和实践经验，可以从不同角度审视课件，指出潜在的问题和改进方向，为课件的优化提供有力支持。专家评估的操作过程简单易行，能节省人力物力，降低成本。与实验法相比，专家评估不需要进行复杂的实验设计和数据收集分析，减少了资源的投入。且采用专家评估方式可以在较短时间内对较多的课件给予评价，提高评价工作的效率。在面对大量课件需要评价时，专家评估能够快速地筛选出优秀的课件，为教学资源的选择提供参考。

在提升专家评价法可信度与保障评价质量的探索中，国外的分项目专家评估方式颇具借鉴意义。通过将课件设计与制作拆解为计划、设计、实现、优化等阶段，能精细化考量各环节工作与成果，从而深入剖析课件开发流程，精准定位优劣，为课件质量提升提供针对性指导，推动教学资源优化升级。如此，可以对课件设计制作的全过程进行细致的评估，减少主观因素的影响，提高评价的准确性和客观性。

（3）现场应用方法。所谓现场应用，即把待评价课件直接嵌入"教"与"学"的实际情境之中，广泛采集教师与学生的反馈信息来进行综合判断。现场应用评价方式紧密围绕教学过程与课程进度展开，秉持自然主义的理念，既不刻意操控教学因素，也不人为改变相关变量，使其与实验方法形成鲜明对比。

其优势显著，由于课件成为教学活动的有机组成部分，在真实教学场景下接受检验与评价，能够以客观公正的立场全面展现课件质量及潜在问题。在教学实践中，教师可依据课件使用体验反馈其对教学流程的辅助效果、内容呈现的合理性等；学生则能从学习体验出发，表达对课件趣味性、知识传递有效性等方面的感受。多维度的反馈信息汇聚，能精准定位课件在教学适用性、内容吸引力、知识传递准确性等多方面的状况，为课件的后续优化改进提供丰富且可靠的依据，有力推动课件质量提升与教学效果的优化，促进教育资源的良性发展与教育质量的进阶。

（4）综合应用方法。综合应用是一种将专家评估与现场应用相结合的方式，此方法能够实现优缺点互补、扬长避短。专家评估可凭借其专业知识为课件提供深入的分析与指导，而现场应用则能带来来自教学一线的真实反映和实际需求。两者结合，既能获取专家的意见以优化课件的设计与制作，又能充分考虑教学现场的实际情况，使课件更具实用性和有效性。然而，对于综合方式的应用，目前仍需在实践中进一步探索最佳的结合途径和运作方式，所以应不断总结经验，深入研究不同情境下的应用策略，以充分发挥综合应用在课件评价中的作用，推动课件质量的持续提升，为教学活动提供更优质的教学资源支持。

2. 课件的测试与评价

教师在课堂教学中凭借教学经验与对学生学习状态的敏锐观察，能够及时察觉课件存在的问题与漏洞，例如内容呈现的逻辑性瑕疵、知识点衔接的不顺畅等。课后，学生的感受与意见收集则进一步丰富了评价维度，他们从学习主体的视角出发，反馈课件在理解难度、趣味性、互动性等方面的体验。教师们对这些反馈进行整合与讨论，此过程彰显了团队协作与教学反思精神。通过深入交流，达成关于课件修改的共识，并付诸实践再次应用于课堂。这一循环往复的过程,不仅使课件逐步趋近完善,更促进了教师对课件与教学过程融合的深度理解。随着修改次数的增加,课件与教学的适配性不断增强,教师运用课件也更加得心应手,实现了课件从初始设计到优化完善。

第三节 现代化信息技术支持下的日语网络资源建设

一、引导学生认识日语网络资源

现如今,伴随着社会的不断进步与科技的快速发展,越来越多的人将精力放在获取更多的技能与知识上,反映出人们应该将更多的注意力放在网络提供的丰富多彩的教育机会上。教师应基于现代化信息技术的支持,挖掘中国的教育信息平台、日本的电子图书馆、社交媒体,以及其他各种类型的互联网服务,全面地将各类日语教育信息传递给学生,使学生获得更加便捷的信息渠道,体现出当今时代信息技术的价值与作用。

二、培养学生选择与应用日语网络资源的能力

在当今社会,网络资源的丰富性与多样性既为日语学习带来了机遇,也带来了挑战。其丰富性使得学习者面临着信息过载的问题,而多样性则增加了选择合适资源的难度。因此,培养日语学习者选择和利用网络资源的能力显得尤为重要。日语教师需着重培养学生正确的分类意识,引导学生将日常使用的资源进行分类,如将收藏夹中的内容划分为在线新闻、在线字典、专题网站和社交媒体等类别,帮助学生建立起清晰的资源体系。并训练学生使用搜索引擎和关键字查找信息的能力,让学生熟练掌握各种搜索引擎,包括国内的百度、谷歌、雅虎、搜狐和搜搜,以及日语搜索引擎 yahoo.co.jp 等。不同的搜索引擎在搜索结果和功能上各有特点,学生熟悉多种搜索引擎可以拓宽信息获取渠道。同时,使用关键字进行搜索能够快速直接地获取所需资源,但这需要多次尝试

和积累经验。教师在日语学习中应指导学生进行相关训练，如怎样确定准确的关键字、如何分析搜索结果等。通过不断的实践，学生能够逐渐提高信息检索的能力。并鼓励学生运用自己的知识和技能更好地利用资源，自主学习已成为日语教学的新潮流，建立日语学习资源库是语言学习中心的重要任务。丰富的、分层的、互动的、动态的网络资源为学生提供了广阔的学习空间，学生可以根据自己的学习进度和需求，选择适合自己的资源进行学习。

第四节 现代化信息技术支持下的影视配音在日语教学中的实践应用

一、影视配音在日语教学中应用的意义

教师在日语课堂中应用一些电子游戏或者电影的声音展开教学，不单单是因为教师教学理念发生了转变，也是因为它可满足一些特定的要求。事实上，影视配音在日语教学中的应用具有不可替代的意义。

当今时代，随着互联网技术迅猛发展，大量技术设备和手段广泛普及。此趋势使得广大学生对数字化环境和生活方式愈发熟悉。学生在日常接触各类数字化工具和平台的过程中，逐渐培养起适应数字化时代的能力和素养，从而为影视配音在教学中的应用奠定了良好基础。学生在日语学习中能够更自如地运用数字设备进行影视资源的获取、处理和配音创作，提升了教学的可行性和有效性。同时促使学生在影视配音的过程中，更好地结合信息技术，拓展创新思维，提高语言表达和艺术创作能力，为日语教学带来新的活力和机遇。

二、影视配音与日语教学的整合

现阶段的日语教学领域中，将影视配音与日本文化相融合的探索正不断深入。众多教育工作者积极将影视配音引入语言课堂，以此提升学生的表达技

巧。借助多样化的多媒体工具，学生能够更好地理解和运用所学知识，进而提高沟通能力，深入领会语言表达的原则与方法。当教师播放一段演讲录像后，要求学生记录其内容并进行重新录制，能够让学生在实践中更好地掌握知识，提升对课堂情境的应对能力。影视配音为学生提供了真实的语言环境，使他们能够接触到自然的语音、语调、语速和表达方式。学生通过模仿和配音，可锻炼自身的口语表达能力，增强语感。教师适当结合日本文化元素的影视资源，能帮助学生了解日本的社会风俗、价值观和思维方式，加深对语言背后文化内涵的理解。所以教师在日语教学的过程中，需精心挑选适合学生水平和教学目标的影视片段，设计丰富的配音活动，激发学生的参与热情。

显而易见，声音与课堂的巧妙结合至关重要，其主要优势是着重突出了学生的主导作用，以听、读、模拟声音和语气来讲解声音，通过不同的角色而实现有效交流，旨在强化学生独立思考的能力。教师积极采取先进的技术手段，把课堂内容变为一个长期保存的动态图像，使学生能够随着课堂的进行而逐渐产生多元变化，不会因为长期保存而丧失真实感。但在具体实施的时候，日语教师应考虑下面几个因素。

（一）影视配音与日语教学目标的整合

"十二字"《日语实践教学》致力于提高学生日语实际应用能力，并通过客观评估课程内容，使学生更易理解和掌握知识，同时帮助学生展示自身能力。将影视配音与日语实践教学相结合，能更好地提升学生日语能力，从而实现教学目标。课堂上，教师对听写、语句理解、口语表达等方面的练习，可以更有效地评估学生语言水平。因此，融合听说读写、语法、词汇等多种语言技巧，能切实提高学生语言应用能力。对学生作业进行评估，可了解学生的表现情况。在教师的指导下，学生的音视频处理技巧、日语听写和听说技巧、语言表达能力以及团队协作能力都能得到显著提升。在将 IT 与日语教学相结合的课堂中，学生可依据不同的任务分配，充分发挥自身优势，结合多种角色的扮演展现才华。

影视配音为学生提供了丰富的语言素材和真实的语言情境，让学生在模仿和创作中提升语言能力。例如，学生在为影视片段进行配音时，需要准确理解台词的含义、把握角色的情感和语气，这能够提高他们的阅读理解和口语表达能力。而团队合作完成配音任务，则能培养学生的沟通协调能力和团队意识。

（二）影视配音与日语教学过程的整合

日语教师在集中性实践课程中，将"教师主导、学生主体"的原则应用于语言演讲类课程的实践教学，可进一步推动学生语言表达能力的有效提高。在学生选择电影如"双线"后，教师开启配音教学过程。教师既承担技术指导，又负责语言指导，充分发挥其专业优势，提高指导效率。教师的引导能够确保学生在配音过程中准确把握语言的发音、语调、语速等要素，并在音频处理、剪辑等技术层面给予支持，使学生的配音作品更加专业。"必须主动学习""必须合作学习""必须出成品"的学习方法要求学生积极主动，学生借助团队协作、教师引领、自主学习等方式，有效实现学习目标。团队协作能培养学生的沟通能力和合作精神，大家共同探讨角色分配、情感表达等问题。教师引领为学生提供方向和方法，而自主学习则促使学生主动探索、发现问题并解决问题，令学生在配音实践中不断提升语言表达能力和综合素质。

三、影视配音在日语实践教学中的应用策略

从当前来看，关于影视配音在日语实践教学中的应用研究尚处于起步阶段，大部分的研究集中在了教师的教学体验与感受上。将影视配音应用于日语实践教学具有可行性与推广价值，此方法可进一步完善影视配音与语言实践教学的融合方式，并使配音技术更科学有效地融入其中。教师精心设计教学载体，为学生提供丰富多样的学习资源和平台，激发学生的学习兴趣和主动性。同时对学生进行全面评估，能够准确了解学生的学习进展和存在的问题，以便不断改进教学策略。如此可有效提高教学效果，提升学生的日语语言能力和综合素质，为日语教学开辟新的途径和方法，推动日语教育的创新与发展。

（一）基于"导生制"的技术指导策略

影视配音作为一种创新的教学方法，在日语教学中对此方法加以应用能够有效提高学生的日语语言能力和综合素质。为了更好地应用影视配音教学法，提高教学质量，教师可融合基于"导生制"的技术指导策略，"导生制"的技术指导方式是满足学生需求、提升教学质量的有效途径。在影视配音的日语实践教学中，技术导生的选拔至关重要。教师可以挑选一些对影视配音有浓厚兴趣、日语水平较高且具备一定技术能力的学生担任技术导生。他们负责指导其

他学生的技能培训,从而提高全体学生的 IT 素养,并在教学过程中营造积极的学习氛围。

"导生制"的教学流程为影视配音教学提供了有序的实施框架,教师挑选年纪较大或表现出色的学生授课,这些学生作为导生能够更好地理解教师的教学意图和方法。接着,他们带领其他"导生"进行一节课的学习,教师在此过程中将影视配音相关的知识传授给一组学生,包括语音语调的模仿、情感的表达、配音软件的使用等,从而使知识的传递更加高效,学生能够更深入地掌握影视配音的技巧。"导生制"的技术指导课堂在影视配音教学中的成功得益于多方面因素。一方面,缩小班级规模有利于影视配音教学的开展。在较小的班级中,教师和技术导生能够更好地关注每个学生的表现,及时给予个性化的指导。学生也有更多的机会参与配音实践,提高自己的语言表达和表演能力。另一方面,努力提高每个学生的电子媒体知识水平,为影视配音教学提供技术支持。学生需要掌握音频录制、剪辑等软件的使用方法,才能更好地完成影视配音作品。通过课堂教学和课外实践,让学生逐步熟悉电子媒体的应用,为影视配音教学打下坚实的基础。

在"导生"资源的帮助下,班级里具备一定技术基础的学生在教师的指导下熟练掌握软件技术,并明确自己在影视配音项目中的任务。技术导生按照分工将技术要领传授给其他小组成员,共同努力完成学习任务,营造了积极的学习氛围,在这样的学习氛围中,学生之间相互学习、相互帮助,强化了其综合素养。

(二)语言指导策略

1.语言输入与输出的全面指导

(1)语言输入指导。语言输入指导主要聚焦于听写技巧,教师组织学生参与系统的听写训练,可使其更好地理解日语的语音、词汇和语法结构。日语教师可以结合影视配音为学生提供多样化的听写方法,如逐句听写法、关键词听写法等,帮助学生提高听写的准确性和效率。更应引导学生在听写过程中注重词汇的积累和语法的理解,为后续的语言输出打下坚实的基础。

(2)语言输出指导。

①配音技巧指导。配音技巧的指导涉及如何准确地模仿角色的语音语调、语气和节奏,使配音更加自然流畅。教师可以为分析影视作品中的经典片段,

让学生感受不同角色的配音特点,并引导学生进行模仿练习。并且教授学生一些配音的技巧,如如何调整呼吸、控制音量等,提高配音的质量。

②发音技巧指导。发音技巧的指导注重纠正学生的发音错误,帮助他们掌握正确的发音方法。教师在实践教学中可引导对比日语和汉语的发音特点,让学生了解日语发音的规则和技巧;或者利用语音软件等工具,让学生进行发音练习,并及时给予反馈和纠正。

③情感表达技巧指导。情感表达技巧的指导要求学生深入理解角色的情感状态,通过声音将其生动地表现出来。教师应引导学生深入分析影视作品中的角色情感,让学生体会不同情感状态下的语音语调变化。

2. 个别指导与共性问题处理

(1)个别指导。个别指导的策略能够更好地满足学生的个性化需求,教师切实根据学生的具体情况,制订个性化的学习计划和指导方案。例如,对于发音存在问题的学生,教师可以进行针对性的发音训练;对于情感表达不够丰富的学生,教师可以引导他们进行情感体验和表达练习。个别指导方法利于学生更好地理解语言,并在输入和输出过程中解决个性化的问题。

(2)共性问题处理。如果教师在实际教学中发现学生有共性问题,需在合适的时间向所有学生提供讲解和指导,确保全体学生都能掌握关键的语言知识和技能。例如,对于大部分学生都存在的发音错误,教师可以进行集中的发音纠正训练;对于学生在配音过程中普遍存在的情感表达不自然的问题,教师可以组织学生进行情感表达技巧的专项训练。

3. 提高日语发音能力

为了帮助所有学生提高日语发音能力,教师会提供有关如何正确识别音调、发音规则、语音衔接和语言节奏的专业建议。教师结合系统的发音训练,让学生能够掌握标准的日语发音,提高语言的可懂度和美感。教师可以利用语音教材、音频资料等资源,让学生进行发音练习,并及时给予反馈和纠正。甚至可以组织学生进行发音比赛等活动,激发学生的学习兴趣和积极性。

4. 校对指导与录制过程指导

(1)校对指导。担任"技术导生"的学生在掌握了影视配音所必需的音视频处理技能并完成听写台词任务后,教师可以根据学生的情况提供个性化的校对指导,帮助他们完成最终的定稿。校对指导主要包括语法错误的纠正、词汇的选择和优化、句子的通顺度等方面，校对指导环节能够使学生的配音作品更加准确、流畅地表达出影视作品的内容和情感。

（2）录制过程指导。在录制过程中，教师为所有学生提供专业的配音技巧和发音指导，对语音语调、语速节奏等方面进行个别纠正，确保学生能够顺利完成录制。教师可以在录制现场进行指导，及时发现学生存在的问题并给予纠正，并利用录制设备的回放功能，让学生自己听自己的配音作品，使其发现问题并进行改进。

参考文献

[1] 吴煜.针对高校日语专业学生批判性思维能力培养的实践探索[M].南昌：江西高校出版社，2018.

[2] 贾临宇，吴玲.高等院校日语专业电子化教学改革与研究[M].杭州：浙江工商大学出版社，2018.

[3] 张继文，车洁.高职日语教学研究[M].武汉：武汉大学出版社，2018.

[4] 袁卓喜，杨棣华.外语教学与翻译研究[M].北京：中国人民大学出版社，2016.

[5] 赵圣花，邹善军，李光赫.日汉语言认知与对比研究[M].北京：世界图书出版公司，2016.

[6] 刘勇，慕鹏，石宇航.从中国社会变革当中走来的大学日语专业教育[M].天津：南开大学出版社，2015.

[7] 黄成湘，李兴红.外语教学与文化研究[M].杭州：浙江工商大学出版社，2015.

[8] 关春园，徐宏亮.多元化视角下的日语研究[M].北京：新华出版社，2015.

[9] 林范武，温晓亮.日本语言文学与文化研究[M].北京：新华出版社，2015.

[10] 吴晗，余贤锋."专创融合型"日语人才培养模式的创新研究[J].林区教学，2024（10）：56-59.

[11] 阎萍.《高级日语》跨校修读学分教学模式构建与实践研究[J].产业与科技论坛，2024，23（17）：166-168.

[12] 陈倩.以就业为导向的高校日语专业应用型人才培养路径[J].中国就业，2024（8）：110-111.

[13] 樊怡. 职业本科背景下大学日语课程改革 [J]. 创新创业理论研究与实践，2024，7（14）：63-65.

[14] 胡贝贝. 新文科背景下高校日语人才培养模式研究 [J]. 现代职业教育，2024（21）：41-44.

[15] 李翠翠. 日语应用型人才培养教学改革研究 [J]. 创新创业理论研究与实践，2024，7（8）：51-54.

[16] 叶荣华，林荣日. 地方高校转型背景下日语教师专业发展路径研究 [J]. 广西教育学院学报，2024（2）：97-102.

[17] 谷冰倩. 高职日语教育数字化转型的路径 [J]. 中国新通信，2024，26（6）：218-220.

[18] 鲍永辉. 以培养跨文化交际能力为目标的高校日语专业实践教改策略 [J]. 现代商贸工业，2024，45（8）：39-41.

[19] 杨雪琳. 新文科视域下高校日语核心素养提升路径与经验探索 [J]. 创新创业理论研究与实践，2024，7（4）：110-116.

[20] 李漫琪. 高校大学日语教学现状分析及线上线下混合教学模式探究：以长江大学文理学院为例 [J]. 中国多媒体与网络教学学报（上旬刊），2024（2）：30-33.

[21] 裴洁. 新媒体在高校日语教学实践中的应用策略探析 [J]. 新闻研究导刊，2024，15（1）：136-138.

[22] 郑寒. 高校日语教学发展创新研究：《中国日语教育发展与日语教学创新》[J]. 外语电化教学，2023（6）：101.

[23] 路秀明.《大学日语》混合式教学模式设计与实施 [J]. 北京石油化工学院学报，2023，31（4）：67-70.

[24] 王莹珞. 日语教学方法与策略研究：评《日语教学理论及策略》[J]. 人民长江，2023，54（11）：254-255.

[25] 张潇丹. 基于跨文化交际能力培养的高校日语教学策略创新 [J]. 现代职业教育，2023（33）：141-144.

[26] 吴凌锟. 浅析日语教学中引入日本文化的重要性与实践方法 [J]. 秦智，2023（11）：172-174.

[27] 赵壮平.大学日语课程教学改革策略探究[J].创新创业理论研究与实践，2023，6（19）：28-30.

[28] 傅迎莹.日语教学实践中大学生日语运用能力提高：评《日语语法专题研究》[J].人民长江，2023，54（9）：274.

[29] 毛景宇.互联网在线教育背景下的大学日语教学改革研究[J].佳木斯职业学院学报，2023，39（9）：70-72.

[30] 赵启明.普通高中日语教师课程标准实施问题及对策研究[D].哈尔滨：黑龙江大学，2024.

[31] 李明珠.高中日语教学"文化意识"培养现状调查研究[D].长春：吉林外国语大学，2023.

[32] 宋甜甜.关于中国大学日语专业教师教材使用的研究[D].北京：北京外国语大学，2022.

[33] 霍文娜.中国日语学习者的外来语误用研究[D].哈尔滨：哈尔滨师范大学，2021.

[34] 刘寒蕊.中国日语学习者的语音节奏模式研究[D].南京：南京师范大学，2021.

[35] 袁佳伟.情境教学法在高校日语精读教学中的应用研究[D].长春：长春师范大学，2017.

[36] 杨红丽.日语教学中的文化导入研究[D].济南：山东师范大学，2015.

[37] 张杰.任务型教学法在日语专业语法教学中的实验研究[D].哈尔滨：哈尔滨理工大学，2014.

[38] 伏泉.新中国日语高等教育历史研究[D].上海：上海外国语大学，2013.

[39] 窦林娟.日语教育中的日本文化导入研究[D].济南：山东大学，2012.

[40] 张菡.口语教学中情境创设的案例研究[D].南京：南京师范大学，2011.

[41] 朱彬鑫.任务教学法在大学日语专业会话教学中应用的利弊初探[D].重庆：西南大学，2008.

[42] 程诗颖.浅谈高校日语教学中的跨文化教育[N].重庆科技报，2024-08-08（5）.

[43] 朱翔.基于思辨能力培养的大学日语课程思政教学设计与实践[N].山西科技报，2024-08-05（3）.

[44] 周锋.对分课堂教学模式下"日语阅读"教学探索[N].中国文化报,2024-05-27(3).

[45] 滕淼.在高校日语教学中讲好中国故事[N].新华日报,2023-08-25(15).

[46] 丁文博,王若晴.日语专业学术型硕士研究生学术能力提升路径[N].中国文化报,2023-07-21(3).

[47] 张梓桢.基于第二语言习得理论的日语教学法的变迁[N].山西科技报,2022-11-07(6).

[48] 陈盈竹.日语专业学生的作文误用分析[N].山西科技报,2022-05-30(6).

[49] 张滢.增强对日语教学的指导[N].中国教育报,2012-03-15(8).

[50] 邵丽蓉.日语人才需求见旺[N].人才市场报,2007-06-02(6).

[51] 薛亚芳.日企"最爱":三类本土复合型人才[N].人才市场报,2005-02-05(4).